Alexandra Reichenberg

Himmlische Tischgebete für Kinder

Rituale, Reime und Fingerspiele
zum Innehalten und Danken

Ökotopia Verlag

Impressum

Autorin	Alexandra Reichenberg
Lektorin	Uta Koßmagk
Fotos	Michael C. Möller
	S. 17: www.pixabay.com
Theologische Beratung	Sabine Busch, Fachberaterin für Kindertageseinrichtungen im Ev. Kirchenkreis Münster
Covergestaltung	PERCEPTO mediengestaltung
Layout / Satz	Sascha Bayer

ISBN 978-3-86702-376-4

1. Auflage ©2016 Ökotopia Verlag GmbH & Co. KG, Aachen

Für Bernd und Emma

Dank

Danke dem Team und den Kindern des Kindergartens St. Balbina, Würselen und dem Fotografen Michael Möller für die bereichernden Fotos im Buch.

Vielen Dank auch dem Ökotopia Verlag, besonders Katrin Röntgen, sowie der Lektorin Uta Koßmagk für die gute Zusammenarbeit und Sabine Busch für die theologische Beratung.

Inhalt

Vorwort	4
Wie betest du denn?	6
Tischgebete in den fünf Weltreligionen	7
Gebete	18
Fingerspiel-Gebete	30
Gebete mit Bewegung	36
Stilleübungen	44
Rund um das Gebet	62
Anhang	76
Register	76
Vorlage	78
Die Autorin	79

Vorwort

Das Gebet ist in konfessionellen Einrichtungen ein ganz selbstverständliches Ritual zu gemeinsamen Mahlzeiten, wie dem Frühstück, dem Mittagessen oder bei gemeinsamen Essen zu besonderen Anlässen. Häufig gibt es ein spezielles Gebet, welches die Kinder immer wieder sprechen möchten. Vielfach wird dabei auch nicht über das gemeinsame Beten nachgedacht, da es fest im Ablauf der Mahlzeiten verankert ist und ganz einfach dazugehört.

Das vorliegende Buch setzt genau hier an. Mit kindgerechten Tischgebeten und ergänzendem Hintergrundwissen sowie Tipps zum Praxiseinsatz bekommt das gemeinsame Beten einen ganz neuen Stellenwert in der täglichen Arbeit mit den Kindern. Neue Impulse in der religionspädagogischen Arbeit machen das Tischgebet so zu einem nicht nur beiläufigen, sondern wichtigen Bestandteil der gemeinsamen Mahlzeiten. Schließlich ist auch das gemeinsame Essen ein Höhepunkt des Tages, eine Möglichkeit, in Gemeinschaft zusammenzusitzen und sich zu unterhalten. Entsprechend sollte dieser Anlass auch begangen und mit einem Dank an Gott begleitet werden.

Die Vielfalt von Gebeten macht Spaß und weckt die Neugier der Kinder auf religiöse Inhalte. Tischgebete zu verschiedenen Anlässen vertiefen spielerisch das Wissen der Kinder über religiöse Feste im Jahreskreis und zu weiteren Inhalten, etwa zur Bedeutung von christlichen Symbolen. Doch dabei soll es nicht bleiben. Für Kinder sind Gott, Jesus oder Maria als Personen präsent. Sie betrachten sie ohne Scheu und sprechen nicht nur zu, sondern mit ihnen. Sie vertrauen ihnen ganz alltägliche und schöne Dinge, aber auch ihre Ängste und Sorgen an. So ist das Gebet für Kinder eine gute Möglichkeit, mit Gott in Kontakt zu treten. Deshalb bietet das Buch auch Ideen zum freien Tischgebet für und mit Kindern. Die Kinder werden mithilfe dieser Anregungen dazu ermutigt, mit Gott zu sprechen und dies auch ganz unmittelbar, ohne den festen Rahmen eines bestehenden Gebetes, zu tun.

Das gemeinsame Beten soll sowohl den Kindern als auch den ErzieherInnen Spaß machen. Nur so können Inhalte erfolgreich transportiert werden. Deshalb finden Sie in diesem Buch nicht nur Gebete zum Mitsprechen, sondern darüber hinaus auch Gebete zum Mitmachen, in Form von Fingerspielen und Bewegungsgeschichten:

Fingerspiele sprechen durch ihre Reimform und Wiederholungen Kinder an. Nicht zuletzt prägen sie sich gut ein und fördern ganz nebenbei noch die Sprachentwicklung der Kinder. Vor allem jüngere Kinder werden so gut mit eingebunden und können schon mitbeten.

Bewegungsgeschichten geben dem natürlichen Bewegungsdrang der Kinder Raum. Sie schaffen einen ganz neuen Rahmen für Gebete. Einmal nicht still sitzen zu müssen, bevor das Essen endlich beginnt, sich bewegen zu dürfen, wird vielen Kindern sicher gut gefallen.

Kindergartengruppen sind bunt gemischt. Sie setzen sich aus Kindern mit ganz unterschiedlichem religiösem Hintergrund zusammen. Eine schöne Vielfalt, die aber gerade in der religiösen Erziehung häufig Fragen aufwirft. Denn es bedeutet in der Praxis, dass es innerhalb einer Gruppe Kinder unterschiedlicher Konfessionen oder auch Kinder, die keinen Bezug zum Glauben haben, gibt. All diesen Kindern gerecht zu werden, ist nicht leicht. Deshalb bietet das Buch mit Geschichten, interreligiösen Gebeten oder auch im Rahmen der Fingerspiele und Bewegungsgeschichten sowie mit weiteren Angeboten Möglichkeiten, alle Kinder anzusprechen und dadurch ein Gemeinschaftsgefühl innerhalb der Gruppe zu schaffen. Dabei stellt sich auch die Frage, wie in den unterschiedlichen Glaubensrichtungen gebetet wird. Beten alle zu einem Gott? Was ist ein Kreuzzeichen und machen das alle vor dem Gebet? Fragen, die nicht immer aus dem Stegreif beantwortet werden können. Dazu bietet das Buch Hintergrundwissen und Praxisideen.

Ein weiterer Aspekt ist die Stille, das Innehalten und die Konzentration auf das Gebet. Meditationen sind eine sehr alte Form des Gebets, man denke an die Kontemplation in Klöstern. Zwar gehört dieser Bereich seit längerer Zeit fest in die Elementarpädagogik, aber eher im Entspannungsbereich. Dabei bietet der Bereich viel Potenzial für Gebete. Kleine Meditationen, Stilleübungen, Klanggebete und Traumreisen schaffen Ruhepausen vor dem Essen, lassen die Kinder innehalten und sich auf sich selbst und das Gebet konzentrieren. Im vorliegenden Buch gibt es Anregungen dazu, sich diesem Bereich mit den Kindern zu nähern und eine ganz besondere Form des gemeinsamen Gebets zu entdecken.

Ergänzend bietet das Buch noch weiterführende Angebote, mit denen das tägliche Tischgebet lebendig gestaltet werden kann. Ideen zur Tischgestaltung, die Gestaltung eines Gebetswürfels oder eines Gebetbuches gehören dazu.

Ich hoffe, das Buch bereichert Ihre religionspädagogische Arbeit und wünsche Ihnen viel Freude beim gemeinsamen Erleben und Entdecken mit den Kindern!

Alexandra Reichenberg

HINWEIS

Tischgebete werden in der Regel, wie es der Name schon sagt, am Tisch gesprochen. Es ist aber auch möglich, diese Regel zu durchbrechen und etwa Stilleübungen oder bewegungsreiche Gebete an einem anderen Ort, etwa auf einem Teppich, durchzuführen und erst anschließend gemeinsam an den Tisch zu gehen.

Kapitel 1

Wie betest du denn?

Tischgebete in den fünf Weltreligionen

Wir leben hier in Deutschland in einer christlich geprägten Umgebung. Viele Kinder im Kindergarten stammen auch heute noch aus Familien mit einem solchen Hintergrund. Viele, aber nicht alle. Inzwischen gibt es immer mehr Familien, die keinen Bezug zur Kirche mehr haben, und Familien mit einem anderen Glaubenshintergrund.

Die Welt ist näher zusammengerückt, auch im Mikrokosmos Kindergarten und im Erfahrungsbereich der Kinder. Sei es aus beruflichen oder privaten Gründen oder zunehmend auch in Folge von Flucht und Vertreibung. Da stellt sich dann häufig die Frage: "Wie betest du denn und betest du überhaupt?" Dazu geben die folgenden Geschichten rund um Kinder aus dem fiktiven Regenbogenkindergarten kindgerechte Antworten. In ihnen wird von den Kindern Jakob, Max, Tuana, Arun und Tsering, die jeder einer der fünf Weltreligionen (Judentum, Christentum, Islam, Hinduismus und Buddhismus), angehören, erzählt und davon, wie bei ihnen ein Tischgebet aussieht. Außerdem wird die Geschichte von Emilia erzählt, die keiner Glaubensgemeinschaft angehört, bei der es aber auch Rituale rund um das Essen gibt.

Wenn Kinder unterschiedlicher Glaubensrichtungen oder konfessionslose Kinder einen konfessionellen Kindergarten besuchen, stellt sich häufig die Frage, wie sie in das tägliche Tischgebet eingebunden werden können. Offenheit, eine Frage an die Eltern, ist der beste und einfachste Weg, dies zu klären. Häufig haben Eltern keine großen Einwände, ihre Kinder am Tischgebet auf die eine oder andere Weise teilhaben zu lassen. Viele Gebete lassen sich interreligiös sprechen und mit jeweils vertrauten Gesten begleiten. Wenn sich Kinder an den Händen halten, umgeht man etwa das Kreuzzeichen. Zudem können die Kinder, die kein Kreuzzeichen machen möchten oder dürfen, ganz einfach die Hände in ihren Schoß legen.

Max und Arun

Der Regenbogenkindergarten ist ein ganz besonderer Kindergarten. Er heißt so, weil Kinder aus ganz vielen unterschiedlichen Ländern dorthin gehen. Mitten in einer lebendigen Stadt liegt er in einem alten Garten, in einem großen Haus, direkt neben der Kirche. In dem großen Haus hat vor langer Zeit eine berühmte Familie gewohnt. Da hieß es auch noch nicht Kindergarten „Regenbogen", sondern Villa Elisabeth, so wie die Frau des damaligen Besitzers. Aber das ist lange her und nun kommen jeden Tag viele Kinder in das alte Haus, um dort miteinander zu spielen, zu singen und zu basteln. Manche Kinder werden mittags abgeholt, andere Kinder aber essen auch im Kindergarten. So ein Kind ist Max. Seine Eltern arbeiten ganz in der Nähe und holen ihn immer nachmittags nach ihrer Arbeit ab.

Heute ist ein neues Kind in den Kindergarten gekommen. Sein Name ist Arun und er kommt aus Indien. Melanie, Max' Erzieherin, stellt den Kindern Arun im Morgenkreis vor und fragt, wer von den Kindern ihm den Kindergarten zeigen möchte. Max meldet sich sofort. Arun und er mögen sich auf Anhieb und bauen den ganzen Vormittag lang an einem hohen Turm in der Bauecke. Arun kommt zwar aus einem anderen Land, aber er spricht schon etwas Deutsch, deshalb fällt ihnen die Verständigung nicht schwer. Jetzt aber ist der Kindergartenvormittag zu Ende. Alle Kinder räumen auf. Einige Kinder werden abgeholt, andere Kinder bleiben zum Mittagessen. Auch Arun ist ein Mittagskind. Max freut sich. „Super, dann können wir ja jetzt immer zusammen essen!", ruft er begeistert und zieht Arun mit sich zum Tisch. „Du wirst sehen, das Mittagessen im Kindergarten schmeckt klasse, aber vorher beten wir immer noch." Damit setzt er sich hin und Arun lässt sich auf den Stuhl daneben fallen. Auch die anderen Mittagskinder sitzen inzwischen am Tisch, da kommt Melanie dazu. „So, Kinder. Das Essen kommt gleich, aber vorher wollen wir noch gemeinsam beten." Sofort kehrt Stille ein. Arun schaut fragend. Er weiß nicht so richtig, was nun von ihm erwartet wird. Melanie bemerkt Aruns Zögern. „Arun, lege einfach die Hände in deinen Schoß, wenn du magst. Deine Eltern sind damit einverstanden. Weißt du, wir bedanken uns vor dem gemeinsamen Essen immer bei Gott dafür, dass wir jeden Tag genug zu essen haben. Dazu beten wir gemeinsam und machen vorher das Kreuzzeichen. Jedes Kind entscheidet selbst, ob es das Gebet mitspricht, oder ob es einfach nur ruhig mit dabeisitzt." Arun nickt. „Wir beten auch, das kenne ich schon. Mal sehen, ob ihr auch so betet, wie wir." Melanie lächelt Arun an. „Sehr wahrscheinlich beten wir hier etwas anders, als du das kennst, aber nun lass dich erst mal überraschen, wie wir das machen." Melanie nimmt einen großen Holzwürfel aus einem Regal und legt ihn auf den Tisch. „Wer möchte würfeln?" Sofort meldet sich Max. Er nimmt den Würfel und schon kurz danach machen alle das Kreuzzeichen und sprechen dazu erst: „Im Namen des Vaters und des Sohnes und des heiligen Geistes, Amen." Dann folgt das Gebet, das Max gewürfelt hat:

„Lieber Gott,
wir danken dir
für alle guten Gaben.
Wir danken dir für alles,
was wir zu essen haben.
Wir sitzen hier gemeinsam
an dem gedeckten Tisch.
Wir essen gute Sachen,
da freut ein jeder sich.
Wir bitten dich darum,
segne uns diese Gaben.
Wir wünschen uns nun sehr,
dass alle genug zu essen haben.
Amen"

Arun hört zu und meint nach dem Gebet: „Wir beten bei uns ganz anders. Ich erzähle euch mal davon, wie das Beten bei uns geht!" Melanie findet die Idee gut. Sie schlägt den Kindern vor, dass, statt zu beten, vielleicht in der nächsten Zeit jeden Tag vor dem Essen ein Kind davon erzählen könnte, wie bei ihm zu Hause gebetet wird. Damit sind alle einverstanden und freuen sich schon auf Aruns Geschichte. Doch jetzt lassen sich erst einmal alle das Essen schmecken. Es gibt Spaghetti. Lecker!

GUT ZU WISSEN
Wie Christen beten

Das Tischgebet im Christentum hat eine lange Tradition. Es beruht auf den Brachot, den Segen des Judentums. Mit dem „Amen" am Ende des Gebetes wird eine Zustimmung zu dessen Inhalt ausgedrückt. Das Wort "Amen" stammt aus dem Tanach, der heute auch als jüdische Bibel bezeichnet wird und später vom Christentum und vom Islam übernommen wurde. „Amen" bedeutet, „sich fest machen in Gott oder sich ausrichten auf Gott". Katholiken beginnen und beenden ein Gebet mit dem Kreuzzeichen. Dazu sprechen sie: „Im Namen des Vaters und des Sohnes und des Heiligen Geistes. Amen." Das Kreuzzeichen steht für den dreieinigen Gott. Zudem ist die Kreuzform ein Symbol für den christlichen Glauben. Es steht für das Kreuz, an dem Jesus gestorben ist. Mit der Geste des Kreuzzeichens wird der Körper des Betenden umfassend erreicht, dadurch soll die Zugehörigkeit des ganzen Menschen zu Jesus Christus gezeigt werden. In der evangelischen Kirche wird das Kreuzzeichen auch gepflegt, aber eher zu besonderen Anlässen, wie etwa bei Taufen oder beim Segen des Pfarrers für die Gemeinde.

Eine Puja bei Arun

Es ist Montag im Regenbogenkindergarten. Montag ist immer Pfannkuchentag. Die Kinder freuen sich schon auf die Apfelpfannkuchen mit Vanillesoße. Tuana und Emilia decken den Tisch. Max und Arun rollen den Wagen mit dem Essen in den Gruppenraum und Melanie ruft die Kinder zum Tisch. Heute will Arun ja davon erzählen, wie bei ihm zu Hause gebetet wird:

„Max und ich sind schon richtig gute Freunde geworden. Am Wochenende habe ich Max gefragt, ob er mich besuchen kommen möchte. Max kam gern und hat zum Spielen seine Autokiste mitgebracht. Ich habe sofort meine Autos und ein Parkhaus dazugeholt. So ist der Samstagmorgen wie im Flug vergangen. Schließlich rief uns mein Vater zum Essen. Es gab Reis mit Gemüse. Das Essen roch ungewohnt, fand Max. Ich erzählte ihm, dass das Essen Curry hieß. „Ich kenne Currywurst!", rief Max. Meine Mutter lachte. „Ja, davon habe ich auch schon gehört.", sagte sie. Dann erklärte sie Max, dass unterschiedliche Gewürze und auch Gerichte Curry heißen und es in ihrem Heimatland Indien sehr viele davon gab. Allerdings würden sie kein Fleisch essen, weil in ihrem Land Tiere als etwas Besonderes gesehen würden. Sie hoffte aber, dass Max das Essen schmeckte, auch wenn kein Fleisch dabei war. Max erzählte uns, dass seine Mutter auch immer sagte, Gemüse wäre gesund und er sollte deshalb viel davon essen. Schließlich saßen wir alle zusammen am Tisch. Da nahm meine Mutter eine kleine Schale und füllte ein wenig von dem Reis und dem Gemüse hinein. Meine Mutter ging mit der Schale zu einem kleinen Schrank, der in der Ecke des Esszimmers stand. Max schaute gespannt zu. Ich erklärte ihm flüsternd, dass meine Mama Ganesha ein bisschen von unserem Essen bringt, damit er es segnet." Max fragte mich, ebenfalls flüsternd, wer Ganesha sei und was er in so einem kleinen Schrank machte. Da öffnete meine Mutter den Schrank. Darin stand etwas, dass mit einem Tuch bedeckt war. Dieses nahm meine Mutter ab und eine Figur kam zum Vorschein. Sie sah aus wie ein Mensch mit einem runden Bauch und einem Elefantenkopf. Neben diese Figur stellte meine Mutter die Schale mit dem Essen. Sie legte ihre Hände zusammen und führte sie an die Stirn. Dann murmelte sie ein paar Worte in einer fremden Sprache dazu und kam anschließend mit der Schale wieder zurück zum Tisch. Max hatte staunend dabei zugesehen. Mein Vater bemerkte seine Verwunderung und erklärte ihm, was gerade geschehen war: „Ganesha ist ein Gott. Wir beten zu ihm, damit er uns Glück und Gesundheit bringt, und wir bedanken uns dafür, dass wir genug zu essen haben. Vor einer Mahlzeit bringen wir ihm vorher immer etwas von den Speisen in seinen Schrein und bitten ihn, diese zu segnen, bevor wir mit dem Essen beginnen. So, jetzt sind wir aber alle lange genug hungrig gewesen. Lass es dir gut schmecken, Max." Das machte Max und er fand, dass Gemüse noch nie so lecker gewesen war!"

GUT ZU WISSEN
Wie Hindus beten

Hindus verehren eine Vielzahl von Göttern. Die Verehrung der Götter heißt Puja. Die Gläubigen errichten häufig in ihrem Zuhause einen Altar oder einen Schrein. Dort steht ein Bild oder eine Skulptur, die den Gott darstellt, der von der Familie verehrt wird. Die Gottheit ist mit einem Tuch bedeckt, das zur Puja entfernt wird. Bei der Puja beschenken die Betenden die Gottheit. Die Gläubigen singen oder sprechen Mantras, etwa das „Om", einen heiligen Spruch oder auch freie Gebete. Dazu legen die Hindus häufig die Handflächen vor der Brust zusammen und führen die Hände zur Stirn. Dies geschieht so auch bei Mahlzeiten. Die Gläubigen bewirten die Gottheit mit einer kleinen Portion des Essens und beten dazu. Das so gesegnete Essen wird anschließend verzehrt. Die Anbetung der Gottheit zu Hause geschieht zum Wohl der Familie. Zusammenkünfte zum Beten, wie es im Judentum in der Synagoge, im Christentum in der Kirche oder im Islam in der Moschee üblich ist, kennen Hindus und Buddhisten nicht. Die Tempel, in denen Götter verehrt werden, suchen die Hindus auf, wenn sie ein Bedürfnis dazu verspüren, dort zu beten und eine Opfergabe darzubringen.

Baklava bei Tuana

Im Regenbogenkindergarten ist wieder Mittagszeit. Tuana hat heute einen Nachtisch für alle Kinder mitgebracht. Baklava, ein süßes Gebäck mit Honig und Nüssen, das ihre Oma gebacken hatte. Bevor es aber Nachtisch gibt, ist erst einmal Zeit zum Beten im Kindergarten. Statt des Gebetes darf heute aber Tuana davon erzählen, wie bei ihr zu Hause gebetet wird:

"Bei uns ist immer viel los. Wir wohnen alle zusammen in einem Haus. Wir, das sind meine Eltern, meine große Schwester Azra und meine Großeltern. Am liebsten bin ich bei meiner Oma in der Küche und helfe ihr bei den Vorbereitungen für das Essen. Weil meine Eltern den ganzen Tag arbeiten, kocht Oma für uns alle. In ihrer Küche ist es sooo gemütlich und Oma hat immer Zeit für mich. Sie erzählt mir Geschichten davon, wie es früher gewesen ist, singt lustige Lieder mit mir oder wir spielen zusammen. Ich darf auch oft beim Kochen helfen. Dann schneide ich Gemüse klein oder rühre Teig. Oma ist die beste Köchin der Welt und deshalb gibt es bei uns meistens ganz viele unterschiedliche Dinge zum Essen: Suppe und Brot, Gemüse, Reis und Fleisch und zum Nachtisch ganz oft Baklava und andere süße Sachen. Gestern war ich auch wieder bei Oma und durfte ihr beim Kochen helfen. Ich habe Tomaten geschnitten und Oma hat Reis und andere Sachen gekocht. Wir hatten richtig viel Arbeit, denn unsere ganze Familie war zum Essen eingeladen, also außer meiner Schwester, meinen Eltern und meinen Großeltern sind noch meine Onkel und Tanten, meine Vettern und Cousinen gekommen. Da gab es einiges in der Küche zu tun. Aber schließlich hatten wir das Essen fertig gekocht und haben es zum Tisch gebracht. Meine ganze Familie saß schon dort und wartete gespannt auf uns. Vor dem Essen hat mein Großvater dann ein Tischgebet gesprochen. Dazu hat er sich eine kleine Kappe auf den Kopf gesetzt, die wir Takke nennen und sich in Richtung Mekka gewandt. Das ist ein heiliger Ort für uns Muslime. Als Großvater fertig gebetet hatte, sagten wir alle gemeinsam "Amin". Danach begann endlich das Essen, bei dem wir viel Spaß hatten. Mit allen zusammen am Tisch ist es immer besonders schön, finde ich. Am meisten habe ich mich aber über den Nachtisch gefreut. Der kommt bei uns immer zusammen mit Tee auf den Tisch. Als es endlich soweit war, lief mir das Wasser im Mund zusammen. Azra und ich haben soviel von den süßen Sachen gegessen, wie meine Mutter erlaubt hat. Als wir alle satt waren und das Essen zu Ende war, dankten wir noch einmal Gott dafür."

GUT ZU WISSEN
Wie Muslime beten

Im Islam dankt man traditionell vor und nach dem Essen Gott (Allah), für das Essen. Das Gebet wird von einer Person am Tisch für alle anderen in Form einer Bitte frei gesprochen. Bei größeren Essen spricht häufig der Gastgeber oder der Älteste am Tisch das Gebet, aber im Familienkreis machen dies auch die Kinder, um an das Beten herangeführt zu werden. Am Ende des Gebetes sprechen alle gemeinsam „Amin", was dem „Amen" entspricht.

Ein Mittagessen bei Emilia

Viele Menschen gehören keiner Gaubensgemeinschaft mehr an. Sie beten zwar nicht, aber Rituale, etwa rund um das Essen, gibt es auch bei ihnen.

Wieder ist Essenszeit im Regenbogenkindergarten. Heute hören die Kinder davon, wie bei Emilia zu Hause ein Mittagessen aussieht:

„Als ich gestern in meinem Zimmer ein Buch angeschaut habe, hat meine Mutter mich gerufen: „Emilia, kommst du bitte und hilfst mit dabei, den Tisch zu decken!" Da habe ich mein Buch ins Regal gestellt und zurückgerufen, dass ich gleich kommen würde und bin dann schnell in die Küche gelaufen. Dort hat meine Mutter in einem großen Suppentopf gerührt. „Ah, schön, dass du da bist, Emilia. Würdest du bitte die Suppenteller, Löffel und Gläser auf den Tisch stellen?", hat Mama mich dann gebeten. Das war gar kein Problem für mich, schließlich habe ich schon oft den Tisch gedeckt. Ratzfatz habe ich alle Sachen auf dem Tisch verteilt und zum Schluss noch den schönen bunten Stein, den ich gemeinsam mit Mama angemalt habe, auf das Tuch in der Tischmitte gelegt und eine Kerze daneben gestellt. So sah es schön auf dem Tisch aus! Mama sagt immer, so bekäme der Tisch eine Mitte, an der alle beim Essen Freude haben, wenn sie dorthin schauen. Inzwischen war auch die Suppe fertig gekocht. Meine Mutter hat noch probiert, ob sie etwas würzen musste, war aber mit dem Ergebnis zufrieden. „So, jetzt müssen nur noch dein Vater und deine Brüder kommen. Hoffentlich haben sie daran gedacht, ein Stangenbrot beim Bäcker zu kaufen!" Kaum hatte sie zu Ende gesprochen, da hörten wir, wie sich der Schlüssel im Türschloss drehte. „Wir sind da!" Laut, wie immer, rannten meine Brüder Niklas und Hendrik in die Küche. „Geht schnell eure Hände waschen!", hat Mama da gerufen und gefragt, ob sie auch Brot mitgebracht hätten.

Da kam auch schon Papa, mit einer Papiertüte vom Bäcker in der Hand, in die Küche. „Natürlich haben wir daran gedacht!", sagte er, gab Mama einen Kuss, und nahm das Brot aus der Tüte. Schnell hat er das Brot in den Brotkorb gelegt und diesen auf den Tisch gestellt. Da kamen auch Niklas und Hendrik aus dem Badezimmer zurück und wir alle haben uns gemeinsam an den Tisch gesetzt. Meine Mutter hat die Suppe in die Suppenteller verteilt und mein Vater schenkte uns allen Apfelschorle in die Gläser ein. Danach kam der schönste Moment des Essens. Wir sind ganz leise geworden und mein Vater zündete die Kerze auf dem Tisch an. Wir haben uns die Hände gereicht und dann zusammen:

„Wir sitzen hier zusammen, rund um unseren Tisch. Wir sitzen hier zusammen, da freut ein jeder sich. Guten Appetit!"

gesagt. Danach wurde es wieder ziemlich laut. Wir haben gegessen und uns erzählt, was wir am Vormittag in der Schule, im Kindergarten, bei der Arbeit und zu Hause erlebt hatten."

Ein Sabbatessen bei Jakob

Heute isst Jakob mit im Kindergarten. Eigentlich ist er kein Mittagskind, aber weil seine Mutter einen wichtigen Arzttermin hat, kann sie ihn nicht rechtzeitig vom Kindergarten abholen. Jakob freut sich schon darauf, gemeinsam mit den anderen Kindern am Tisch zu sitzen und zu essen. Sein Essen hat er aber selbst mitgebracht. Darüber wundert Max sich. Ob Jakob wohl eine Allergie hat, so wie sein Vater, der keine Nüsse essen darf? Sofort fragt er Jakob danach. Dieser schüttelt den Kopf. „Nein, ich habe keine Allergie, aber ich darf nicht alle Sachen zusammen essen, weißt du. Bei uns ist das nicht erlaubt." Damit kann Max nicht viel anfangen. „Wie meinst du das, es ist nicht erlaubt?" „Wir nennen das koscher essen", erklärt Jakob ihm geduldig. „Weißt du, ich bin Jude und wir essen Fleisch und Sachen aus Milch nicht zusammen. Weil es heute aber im Kindergarten Fleisch mit Sahnesoße gibt, darf ich das nicht essen. Deshalb habe ich mir etwas von zu Hause mitgebracht." Da Max von Arun schon weiß, dass dieser Hindu ist und kein Fleisch isst, kann er jetzt verstehen, was Jakob meint. Nun aber ist Max hungrig. Er kann kaum erwarten, dass Melanie das Startzeichen zum Essen gibt. Endlich hört er den Essenswagen, der rumpelnd über den Flur geschoben wird. Sofort flitzen alle Kinder zum Tisch und setzen sich. Melanie verteilt das Essen auf die Teller und gibt Jakob eine Dose, in der sein Essen ist. „Jakob, möchtest du uns vor dem Essen vielleicht erzählen, wie ihr zu Hause betet?" Jakob nickt begeistert und dann erzählt er:

„Freitags ist bei uns immer der Beginn des Sabbats, des heiligen Tages in der Woche, an dem niemand arbeiten sollte. Am Sabbat gibt es immer besonders gute Dinge zu essen und es ist sehr feierlich. Weil am Sabbat niemand arbeiten darf, bereitet meine Mutter immer das ganze Essen vor und stellt es auf Warmhalteplatten, wie im Restaurant. Den Tisch im Esszimmer deckt sie auch vorher schon besonders schön und die beiden Sabbatkerzen zündet sie ebenfalls an. Beim Anzünden der Kerzen spricht sie den Segensspruch dazu. Damit beginnt der Sabbat. Auf dem Tisch liegen Wein und Brot und mein Vater ist in der Synagoge, um dort zu beten. Wenn er zurückkommt, beginnen wir immer mit dem Essen. Dann ruft Mama meinen Bruder Aaron, meine Schwester Esther und mich. Wir gehen uns dann schnell die Hände waschen und setzen uns an den Esstisch. Dort wartet schon unser Vater auf uns. Wenn alle am Tisch sitzen, spricht Papa immer einen Segensspruch über den Wein. Danach nimmt er einen Becher Wasser in die Hand und wäscht sich seine Hände. Sobald seine Hände sauber sind, spricht er einen Segensspruch über das Brot und schneidet davon Scheiben ab. Die Brotscheiben bestreut er mit etwas Salz und gibt allen am Tisch davon zu essen. Nun beginnt das Essen, das immer ganz besonders lecker ist. Am letzten Sabbat gab es Suppe, dann Fleisch, Fisch, Gemüse und Kartoffeln und sogar noch Nachtisch. Zwischendurch singen wir alle zusammen alte Lieder. Das mag ich sehr und ich finde es immer ein bisschen traurig, wenn das Essen vorbei ist und das Abschlussgebet gesprochen wird. Aber danach sitzen wir alle zusammen, essen Süßigkeiten und trinken Tee. Dazu leuchten die Sabbatkerzen und das macht mich schnell wieder fröhlich. Ich finde, das Essen am Sabbatabend ist das beste der ganzen Woche!"

GUT ZU WISSEN
Wie Juden beten

Gläubige Juden beten vor und nach dem Essen. Sie sprechen vor dem Essen vier verschiedene Segenssprüche, die Brachot heißen. Sie beten damit für das Essen, für Israel, für Gottes Güte und für Jerusalem. Brachot gibt es aber auch noch für andere Gelegenheiten. Nach dem Essen wird ein Dankgebet gesprochen. Dazu steht im fünften Buch Mose geschrieben: "Wenn du gegessen hast und satt bist, sollst du Gott loben und danken."

Gemeinsame Mahlzeiten haben auch im Judentum einen hohen Stellenwert. Ein besonderes Festessen gibt es traditionell zum Beginn des Sabbat (Schabbat). Der Sabbat beginnt am Freitagabend, sobald die Sonne untergeht und endet am nächsten Tag, ebenfalls bei Sonnenuntergang. Am Sabbat wird nicht gearbeitet. Damit wird an Gottes Ruhetag während der Schöpfung und an die Befreiung Israels gedacht. Freitagabends gehen gläubige Juden zum Abendgebet in die Synagoge. Anschließend gibt es zu Hause ein Festessen, das bereits zuvor zubereitet wird, damit die Ruhe zum Sabbat eingehalten wird. Das Essen am Sabbat beginnt mit dem Sabbatsegen, den der Vater spricht. Dieser Segen heißt Kiddusch. Der Vater segnet zu Beginn den Wein, der auf dem Tisch steht und danach die beiden traditionellen Challot Brote, zwei Weißbrote in Form eines Zopfes. Der Wein und das Brot sind der wichtigste Teil des Essens. Sie sind ein Zeichen für den Segen der Erde.

Max und Arun essen bei Tsering

Max und Arun sind inzwischen beste Freunde, die jeden Tag miteinander spielen und sich auch oft zu Hause treffen. In letzter Zeit ist aber auch oft Tsering mit dabei. Tsering kommt aus einem weit entfernten Land, das Tibet heißt. Seine Eltern haben ein Restaurant in der Stadt, in dem sie lauter Dinge kochen, die es in ihrem Heimatland zu essen gibt. Gestern waren Max und Arun bei Tsering eingeladen und haben dort auch gegessen. Wie das Essen bei Tsering gewesen war, davon wollen sie heute vor dem Mittagessen im Kindergarten erzählen:

„Gestern waren Max und Arun zu Besuch bei mir. Wir haben in meinem Zimmer alle möglichen Spielsachen ausprobiert und noch ein Buch mit Bildern von Tibet angeschaut. Ich habe Max und Arun alles erzählt, was ich von Tibet weiß, z. B., dass man Tibet das Dach der Welt nennt, weil das Land im höchsten Gebirge der Erde liegt. Außerdem habe ich von den Windpferden erzählt. Das sind kleine bunte Fahnen mit Gebeten darauf. Die Fahnen hängen im Wind und sollen so die Gebete in den Himmel tragen. Damit das besonders gut funktioniert, ist oft die Figur eines Windpferdes in der Mitte der Fahnen zu sehen. Bei uns hängen solche Fahnen im Garten. Ich habe sie Max und Arun gezeigt. Als wir die Fahnen angeschaut und dabei in den Himmel geguckt haben, hat Max überlegt, wie weit entfernt von unserem früheren Zuhause Arun und ich nun leben. Es ist so weit entfernt, dass wir mit dem Flugzeug dorthin fliegen müssen, wenn wir dort jemanden besuchen wollen. Max konnte sich das kaum vorstellen. Er überlegte noch, als meine Mutter uns zum Essen rief. Da habe ich an seinem Ärmel gezogen und gesagt: „Komm, Max. Das Essen ist fertig. Meine Mutter hat gerade gerufen." Max meinte nur, dass essen immer gut wäre und dass er schon sehr gespannt darauf sei, was es bei uns wohl geben und was sonst noch beim Essen passieren würde. Inzwischen hatte er schließlich schon bei Arun gegessen und dabei erfahren, wie im Hinduismus gebetet wurde. Von Tuana hatte er gehört, wie Muslime das im Islam vor und nach dem Essen machen und Jakob hatte vom Sabbatessen erzählt. Emilias Familie betete nicht, machte aber andere Sachen, um das Essen schön zu gestalten. Dann war da noch das Essen im Kindergarten. Dort beteten sie so, wie Max das von zu Hause und aus der Kirche kannte, in die er sonntags oft mit seinen Eltern ging. Max überlegte, wie das wohl bei uns ist. Wir sind zusammen hineingegangen und haben uns an einen Tisch im Wohnzimmer gesetzt. Es gab eine Nudelsuppe mit Gemüse, Teigtaschen mit Gemüse und Minze für Arun und welche mit Gemüse und Fleisch für alle anderen. Dazu haben wir Tee getrunken. Vor dem Essen hat meine Mutter einen Segen gesprochen. Danach reichte sie eine kleine Schale herum. Sie bat alle, eine kleine Menge von ihrem Essen dort hineinzulegen und erklärte Max und Arun, warum wir das machen: „Wir möchten unser Essen mit allen Lebewesen teilen." Als Zeichen dafür hat meine Mutter die Schale mit dem Essen in den Garten gestellt. So konnten die Vögel draußen davon mit uns essen. Max hat gerufen: „Und alle anderen Tiere im Garten auch!" Meine Mutter hat mit dem Kopf genickt und gesagt: „Ja, alle anderen Tiere auch." Max fand, dass das eine schöne Idee ist."

GUT ZU WISSEN
Wie Buddhisten beten

Buddhisten beten keinen direkten Gott an, aber sie kennen Gebete und meditieren. Damit bitten sie um Klarheit und Erleuchtung und darum, dass die Menschen vom Leid und von schlechten Gefühlen befreit werden. Auch im Buddhismus wird vor dem Essen gebetet. Das Essen wird gesegnet und von allem Weltlichen befreit. Ein bestimmender Aspekt des Buddhismus ist die Güte gegenüber allen Lebewesen.

Kapitel 2
Gebete

Alle Kinder dieser Welt

Überall auf der Welt leben Kinder. Sie sind so verschieden und doch so gleich. Alle Kinder wünschen sich Liebe und Geborgenheit, Sicherheit und jeden Tag genug zu essen und zu trinken. Daran erinnert dieses Gebet.

Alle Kinder dieser Welt sind so wie du und ich, sie möchten essen und trinken und lachen. Alle Kinder dieser Welt sind so wie du und ich, sie wollen die gleichen Sachen machen. Darum möchten wir heute beim Essen besonders an sie denken. Wir wollen ihnen viele gute Wünsche und gute Gedanken schenken!

Unser Tisch ist reich gedeckt

Ein Frühstücksgebet, bei dem die Kinder zum Nachdenken darüber angeregt werden, dass unser tägliches Essen keine Selbstverständlichkeit ist und nicht jedes Kind immer genug zu essen bekommt.

Lieber Gott!
Wasser und Saft,
Butter und Brot
stehen auf unserem Tisch,
hier leidet niemand Not.
Gurke und Tomate,
wir alle werden satt.
Unser Tisch ist reich gedeckt,
hilf, dass jedes Kind das hat.
Amen.

Alle gemeinsam, rund um den Tisch

Bei diesem interreligiösen Gebet reichen die Kinder einander die Hände und bilden einen geschlossenen Kreis. So wird die Gemeinschaft konfessionsunabhängig für die Kinder begreifbar gemacht.

Wir sitzen hier gemeinsam
rund um den Mittagstisch.
Wir alle sind beisammen,
bleibt niemand nur für sich.
Wir freuen uns auf das Essen,
es duftet himmlisch gut.
Wir essen nun zusammen,
Gemeinschaft macht uns Mut.

Variante

Nicht nur beim gemeinsamen Mittagessen, sondern auch bei Frühstücken, Geburtstagen, der Hochzeit einer Erzieherin oder zu anderen festlichen Gelegenheiten wird gemeinsam gegessen und gebetet. Das Gebet kann dazu in der 2. Zeile entsprechend abgewandelt werden: „Wir sitzen hier gemeinsam, rund um den / an dem (Geburtstagstisch / Frühstückstisch / Hochzeitstisch.")

Lieber Gott, ich bitte dich!

Ein Impuls für ein freies Gebet zum Mittagessen

Das Mittagessen steht auf dem Tisch. Bevor eines der Kinder ein freies Mittagsgebet spricht, übernimmt dies einige Male die Spielleitung, um den Kindern damit Beispiele zu geben. Sie fordert die Kinder dazu auf, das Kreuzzeichen zu machen oder einander an den Händen zu fassen, bevor sie beginnt. Das freie Gebet kann etwa so gesprochen werden:

> Heute stehen Fischstäbchen, Kartoffelpüree und Spinat auf unserem Tisch. Ich bin schon sehr hungrig und alle anderen hier sind es bestimmt auch. Bevor wir aber mit dem Essen beginnen, möchten wir uns noch bei Gott dafür bedanken, dass wir heute hier zusammen essen dürfen.
> Amen.

GUT ZU WISSEN
Freies Beten

Kinder lieben Wiederholungen. Deshalb wünschen sie sich häufig, bestimmte Gebete immer wieder zu sprechen. Bekannte Gebete werden schnell zum Ritual. Schön ist es aber auch, wenn die Kinder zum freien Gebet finden. Dadurch können sie sich mit ihren eigenen Wünschen, Vorstellungen und Bedürfnissen direkt an Gott wenden. Ganz egal, was sie sagen, Gott hört ihnen bestimmt zu. Manchmal fällt es Kindern zu Beginn noch schwer, ein freies Gebet zu sprechen. Ganz einfach kann etwa mit dem Essen, das auf dem Tisch steht, eine Brücke gebaut werden.

Das Warten hat ein Ende

Ein schnelles Gebet für besonders hungrige Kinder

> Wir reichen uns die Hände,
> das Warten ist zu Ende.
> Das Essen steht jetzt hier,
> wir danken Gott dafür!

Schon ist wieder Essenszeit!

Ein tägliches Gebet für alle Mahlzeiten

> Lieber Gott,
> schon ist wieder Essenszeit,
> auf unserem Tisch steht alles bereit.
> Wir danken dir für das,
> was du uns gibst
> und freuen uns darüber,
> dass du uns liebst.
> Darum wollen wir nun teilen
> und zusammen am Tisch verweilen.
> Amen.

Gemeinsam wollen wir gehen und stehen

Gemeinschaft tut gut und wo kann man sie besser spüren, als etwa bei einer Mahlzeit, zu der alle zusammen um einen Tisch sitzen?

Die Kinder und die Spielleitung sitzen rund um den Tisch. Vor der gemeinsamen Mahlzeit reichen sie einander die Hände und sprechen dazu das folgende Gebet:

> Gemeinsam wollen wir gehen und stehen.
> Gemeinsam wollen wir essen und lachen.
> Gemeinsam wollen wir viele Dinge machen.
> Wenn wir nun in die Runde sehen,
> dann finden wir das wirklich schön.
> Darum sagen wir Gott ein Dankeschön!

Du bist es, von dem wir alles haben

Ein Dankgebet an Gott für das Essen

> Lieber Gott,
> du bist es, von dem wir alles haben.
> Segne nun auch diese guten Gaben.
> Du schenkst uns Milch und Brot,
> darum leiden wir hier keine Not!
> Amen.

GUT ZU WISSEN
Segen

Mit dem Wort "Segen" wird um den Schutz oder die Hilfe Gottes gebeten. Das Wort ist häufig Bestandteil von Gebeten. Ein Segen ist eine sehr schöne Möglichkeit, einander etwas Gutes zu wünschen. Früher war es üblich, sich beim Begrüßen oder Verabschieden einen Segen mit auf den Weg zu geben. So leitet sich „Grüß Gott!" etwa von „Segne dich Gott!" ab. Jeder Christ darf einen Segen für einen anderen Christen aussprechen.

Hab Dank für Speis' und Trank

Ein Tischgebet für jeden Tag

Lieber Gott,
du gibst uns Speis' und Trank
und dafür sagen wir dir Dank.
Wir freuen uns über all die Gaben,
die wir von dir bekommen haben.
Darum sei doch heute unser Gast,
der du uns den Tisch bereitet hast!
Amen.

Danke für alle guten Gaben

Christliche Tischgebete beinhalten zugleich den Dank an Gott für das Essen und die Bitte an ihn, diese Mahlzeit zu segnen.

Lieber Gott,
wir danken dir
für alle guten Gaben.
Wir danken dir für alles,
was wir zu essen haben.
Wir sitzen hier gemeinsam
an dem gedeckten Tisch.
Wir essen gute Sachen,
da freut ein jeder sich.
Wir bitten dich darum,
segne uns diese Gaben.
Wir wünschen uns nun sehr,
dass alle genug zu essen haben.
Amen.

Ein Geburtstagsgebet

Ein interreligiöses Tischgebet zum beliebtesten Kinderfest, das das Symbol der Kerze zum Schwerpunkt hat.

Auf dem Geburtstagskuchen,
da leuchten viele Kerzen.
Sie strahlen hell und klar,
bringen Licht in unsere Herzen.
Das Licht der vielen Kerzen
das macht uns alle froh.
Wir feiern heute Geburtstag
und freuen uns alle so!

Variante

Das Gebet kann auch individuell für das jeweilige Geburtstagskind abgewandelt werden:

Auf dem Geburtstagskuchen, da leuchten (Anzahl der Kerzen einsetzen) Kerzen. Sie strahlen hell und klar, bringen Licht in unsere Herzen. Das Licht der vielen Kerzen, das macht uns alle froh. Wir feiern heute (Name des Kindes einsetzen) Geburtstag und (diese / dieser) freut sich so!

Viel Glück zum Geburtstag!

Ein Gebet für das Geburtstagskind

Lieber Gott!
Heute ist für (**Name des Kindes einsetzen**)
ein ganz besonderer Tag.
Denn (**Name des Kindes einsetzen**) feiert Geburtstag,
was jedes Kind gern mag.
Wir essen heute Kuchen
und andere leckere Sachen.
Wir wünschen (**Name des Kindes einsetzen**) viel Glück
und wollen gemeinsam lachen.
Hab Dank, lieber Gott,
für diesen schönen Tag.
Wir bitten dich darum,
dass jeder (**Name des Kindes einsetzen**) gern mag.
Amen.

Heute geht es bei uns rund!

Zu Karneval geht es vor dem Beginn der Fastenzeit noch einmal überall bunt und lustig zu. Die Kinder verkleiden sich mit ihrem Lieblingskostüm. Im Kindergarten feiern sie mit Musik, Spielen und allerlei Leckereien.

Heute geht es bei uns rund,
auch unser Tisch ist kunterbunt!
Wir feiern heute Karneval,
mit viel Spaß, auf jeden Fall!
Wir essen süße Sachen,
dürfen schmausen und lachen.
Lieber Gott, lass das heute alle
Kinder so machen!

GUT ZU WISSEN
Fastenzeit

Auf die sogenannten tollen Tage folgt am Aschermittwoch die 40tägige Fastenzeit. Diese dauert bis zum Karsamstag. Die Fastenzeit soll die Christen an die 40 Tage erinnern, die Jesus fastend in der Wüste verbracht hat. Während dieser Zeit hat er dort nach seiner Taufe durch Johannes den Täufer über sein Leben nachgedacht (Lukas 4, 1-13).

Jesus lädt alle an seinen Tisch

Jesus ist ein wichtiges Vorbild für die Kinder. In diesem Gebet sprechen sie ihn aus Kindersicht an.

Jesus, du lädst uns alle an deinen Tisch,
jedes Kind der Welt und so auch mich!
Ich freue mich darüber, bin jetzt nicht allein,
mit vielen am Tisch, so sollte es immer sein.
Amen.

HINWEIS
Hierzu passt auch die Stilleübung „Mit Freunden am Tisch" von Seite 56.

Wir alle leben von dir

Ein Dankgebet – auch zur Schöpfung

Lieber Gott!
Wir alle leben von dir,
die Blume auf dem Feld,
die Sonne am Himmelszelt,
der Mensch und jedes Tier!
Und dafür danken wir dir.
Amen.

Der Ostertisch

Ein Gebet zu den Ostersymbolen

Lieber Gott!
Auf dem geschmückten Ostertisch,
da leuchtet die Kerze ganz feierlich.
Hase, Lamm und Ei,
die sind alle mit dabei.
Auch wir sind heute hier
und danken dir dafür.
Amen.

GUT ZU WISSEN
Symbole zu Ostern

Zur Osterzeit tauchen Symbole wie die Kerze, das Lamm und das Ei auf. Die Osterkerze steht für das Leben nach dem Tod durch die Auferstehung von Jesus und das Lamm für ihn als Opferlamm. Das Ei steht ebenfalls für das Leben. Aus einer harten Schale, Symbol für das Grab, entspringt ein neues Leben. Zudem war es während der Fastenzeit früher verboten, Eier zu essen, da diese zu den Fleischspeisen zählten. Dadurch fielen viele Eier an, die durch Kochen haltbar gemacht und nach der Fastenzeit verspeist oder als Abgaben der Pächter an ihre Grundherren genutzt wurden.

Auf unserer Erde wachsen viele leckere Sachen

Wo kommt eigentlich unser Essen her? Vom Wachsen, Ernten und Kochen, vom gemeinsamen Essen und dem Dank an Gott sprechen die Kinder in diesem Gebet.

Auf unserer Erde, da wachsen viele leckere Sachen,
die ernten wir gemeinsam mit Singen und mit Lachen.
Wir pflücken und graben, der Korb ist jetzt bald voll.
Gemeinsam zu ernten, das finden wir besonders toll.
In unserer Küche können wir vieles daraus machen,
wir schneiden und kneten, wir rühren und lachen.
Das Essen ist bald fertig, der Tisch ist rasch gedeckt.
Nun hoffen wir nur noch, dass es allen gut schmeckt.
Beim Essen wollen wir es richtig gemütlich machen,
lieber Gott, wir danken dir für diese guten Sachen.

Nach dem Essen

Das Gebet vor dem Essen ist ein bekanntes Ritual. Gebetet werden kann aber auch nach einer Mahlzeit. „Nach dem Essen" ist eine humorvolle Variante dazu.

Wir haben vor dem Essen
das Beten glatt vergessen.
Jetzt sind wir alle satt
und auch ein wenig matt.
Darum wollen wir uns schnell bedanken,
bevor wir nun in unsere Betten wanken!

Mein Teller ist nun leer

Ein Dankgebet nach gemeinsamen Mahlzeiten, das zeigen soll, dass unser tägliches Essen keine Selbstverständlichkeit ist.

Lieber Gott,
mein Teller ist nun leer.
Wir sind jetzt alle satt.
Nun möchten wir daran denken,
dass nicht jedes Kind das hat.
Amen.

Teilen wie Sankt Martin

Das Martinsfest gehört zu den Höhepunkten im Kindergartenjahr. Die damit verbundene Martinslegende und das Singen der Martinslieder zu den Laternenumzügen sind prägende Erinnerungen für jedes Kind. Das Verzehren und Teilen der Brezeln oder Weckmänner, die vielleicht sogar selbst gebacken wurden, macht die Erfahrung des Teilens für die Kinder greif- und erlebbar. Im Gebet steht das „Brot" stellvertretend für das Gebäck zu St. Martin.

Sankt Martin ist ein guter Mann,
der zeigt uns, wie man teilen kann.
Er teilt den Mantel, wir das Brot
und so muss niemand leiden Not.
Wir wollen auch bei diesem Essen
das Teilen heute nicht vergessen.

Variante

Statt der allgemeinen Formulierung „bei diesem Essen", kann auch „beim Mittagessen" gesprochen werden.

Kapitel 3
Fingerspiel-Gebete

Das Essen ist toll!

Ein Fingerspiel-Gebet für alle Mahlzeiten

Der sagt: „Hab' Dank für das leckere Essen!"	···> mit dem Daumen wackeln
Der sagt: „Hast auch mich heut nicht vergessen."	···> mit dem Zeigefinger wackeln
Der sagt: „Mein Teller ist ganz voll."	···> mit dem Mittelfinger wackeln
Der sagt: „Das Essen ist toll."	···> mit dem Ringfinger wackeln
Der sagt: „Und jetzt wollen wir endlich essen!"	···> mit dem kleinen Finger wackeln

Osterei und Hefezopf

Ein Fingerspiel-Gebet zu Ostern

Das schöne bunte Osterei,	···> mit den Händen ein imaginäres Ei in die Luft malen
das liegt auf unserem Tisch.	···> eine Hand nach oben hin flach öffnen (Tisch); mit der anderen Hand ein imaginäres Ei darauf platzieren
Und der lange Hefezopf,	···> die Fingerspitzen beider Hände zunächst gegeneinander legen und dann weit auseinanderziehen
der duftet so verführerisch.	···> mit dem Zeigefinger unterhalb der Nase entlangstreichen und dabei tief durch die Nase einatmen
Wir freuen uns, Ostern ist da, das finden wir ganz wunderbar!	···> beide Arme freudig in die Luft werfen

Fünf hungrige Finger

In diesem Fingerspiel tauchen Begebenheiten rund um die Situation vor dem Essen im Kindergarten auf. Sicher kennen die Kinder die beschriebenen Dinge aus ihrem täglichen Erleben!

> **HINWEIS**
> Das Fingerspiel ist auch schon für jüngere Kinder gut geeignet!

Dem knurrt ganz laut der Magen.	···> mit dem Daumen wackeln
Der möchte dazu etwas sagen.	···> mit dem Zeigefinger wackeln
Der hat das Händewaschen vergessen.	···> mit dem Mittelfinger wackeln
Der möchte ganz schnell etwas essen.	···> mit dem Ringfinger wackeln
Doch der Kleine, der möchte das Beten nicht vergessen!	···> mit dem kleinen Finger wackeln

Der kleine Apfelbaum

Ein Fingerspiel-Gebet zu Erntedank

In unserem Garten steht ein kleiner Apfelbaum.	···> den Arm nach oben strecken und mit den ausgebreiteten Fingern der Hand einen Baum zeigen
Ganz winzig ist der Baum, man sieht in kaum.	···> mit Daumen und Zeigefinger „klein" zeigen
Doch jedes Jahr im Herbst, ist es wie im Traum,	···> mit den Händen die Augen reiben
voller Äpfel hängen die Zweige vom Apfelbaum.	···> den Arm nach oben strecken und mit den ausgebreiteten Fingern der Hand einen Baum zeigen; mit der anderen Hand nacheinander an den Fingern (Zweigen) der Baumhand imaginäre Äpfel zeigen
Dann rütteln und schüttteln wir an den Zweigen,	···> mit einer Faust in der Luft rütteln und schütteln
die sich voller Äpfel fast bis zur Erde hinab neigen.	···> den Arm nach oben strecken und mit den ausgebreiteten Fingern der Hand einen Baum zeigen; die Finger stark nach unten abknicken
So toll und doll, das wollen wir jetzt mal zeigen,	···> den Arm nach oben strecken und mit den ausgebreiteten Fingern der Hand einen Baum zeigen; die Finger stark nach unten abknicken und schnell schütteln
nun fallen die leckeren Äpfel von den Zweigen.	···> die Finger immer schneller schütteln
In unserem Garten steht ein kleiner Apfelbaum.	···> den Arm nach oben strecken und mit den ausgebreiteten Fingern der Hand einen Baum zeigen
Ganz winzig ist der Baum, man sieht in kaum.	···> mit Daumen und Zeigefinger „klein" zeigen
Doch jedes Jahr im Herbst ist es wie im Traum,	···> mit den Händen die Augen reiben
dann essen wir die Äpfel von unserem Baum.	···> den Bauch reiben
Lieber Gott, wir danken dir für den kleinen Apfelbaum	···> die Hände falten
und für die geernteten Früchte von dem schönen Baum.	···> mit der Hand in der Luft „Äpfel" pflücken
Die schmecken uns so lecker, man glaubt es kaum,	···> einen Apfel in die Luft malen

Eine Schale voller Äpfel

Das Gebet beinhaltet das Symbol der Schale und des Apfels. Zudem thematisiert es das Teilen und den Dank für das Essen in Gemeinschaft.

HINWEIS
Das Gebet kann interreligiös eingesetzt werden.

Eine Schale voller Äpfel,	---> mit den Händen eine Schale bilden
die steht auf unserem Tisch.	---> die imaginäre Schale auf den Tisch stellen
Der große rote Apfel,	---> mit beiden Händen einen großen Apfel in die Luft malen
der ist bestimmt für dich.	---> auf das Nachbarkind zeigen
Und der kleine grüne,	---> mit beiden Händen einen kleinen Apfel in die Luft malen
den nehme ich für mich!	---> mit einer Hand einen imaginären Apfel aus der „Schüssel" auf dem Tisch nehmen
Ein jeder dieser Äpfel,	---> mit dem Finger auf die imaginäre „Schüssel" auf dem Tisch deuten
der leuchtet bunt und rund.	---> mit beiden Händen einen Apfel in die Luft malen
Er schmeckt uns richtig gut	---> den Bauch reiben
und ist auch sehr gesund.	---> mit dem Zeigefinger eine wissende Geste machen
Wir sehen die schönen Äpfel	---> mit dem Finger auf die imaginäre Schüssel auf dem Tisch deuten
und sagen Dank dafür.	---> den Bauch reiben
Und für die Gemeinschaft,	---> die Hände falten
denn so sitzen wir hier.	---> Die Kinder fassen sich an den Händen und bilden einen geschlossenen Kreis.

GUT ZU WISSEN
Apfel als Symbol

Der Apfel gilt als die wohl symbolreichste Frucht. In den Religionen hat er unterschiedliche Bedeutungen. So steht er im Alten Testament für den Sündenfall und die Vertreibung aus dem Paradies. In mittelalterlichen Darstellungen ist der Apfel in der Hand des Jesuskindes ein Zeichen für die Erlösung von dieser sogenannten „Erbsünde". Zudem steht in der Bibel auch ein Vergleich zum Wort Gottes in Verbindung mit dem Apfel: "Ein gutes, zur rechten Zeit gesprochenes Wort ist ein goldener Apfel." Kinder kennen den Apfel als Frucht eines seit Jahrhunderten in unserem Kulturkreis genutzten Baumes. Er ist für sie alltäglich, greifbar und bekannt. Gerade der Apfel ist ein schönes, kindgerechtes Zeichen rund um das Erntedankfest.

Vom Feld auf den Tisch

In diesem Fingerspiel wird beschrieben, wie das Essen auf den Tisch kommt. Angefangen vom erntenden Bauern über den Verkauf durch die Marktfrau und die Zubereitung des Essens durch den Koch erleben die Kinder spielerisch verschiedene Stationen, bis hin zum gemeinsamen Essen und Beten. Das Fingerspiel eignet sich zum täglichem Einsatz, besonders aber zum Erntedankfest.

> **HINWEIS**
> Dieses Fingerspiel ist auch schon für jüngere Kinder geeignet.

Der Bauer erntet die Früchte vom Feld.	···> mit dem Daumen wackeln
Die Marktfrau verkauft sie mit lautem Geschrei.	···> mit dem Zeigefinger wackeln
Der Koch bereitet das beste Essen der Welt.	···> mit dem Mittelfinger wackeln
Die Kinder eilen ganz schnell zum Essen herbei.	···> mit dem Ringfinger wackeln
Sie reichen einander die Hände und beten dabei!	···> einander die Hände reichen

Heute feiern wir Nikolaustag

Ein Fingerspiel-Gebet zum Nikolausfrühstück

Heute feiern wir Nikolaustag,	···> mit beiden Händen eine Mitra über dem Kopf andeuten
das ist ein wunderschöner Tag.	···> beide Arme in die Luft werfen
Äpfel und Nüsse aus dem Keller,	···> mit dem Finger nach unten deuten
liegen jetzt auf unserem Teller.	···> eine Hand mit der Handfläche nach oben halten und mit dem Zeigefinger der anderen Hand darauf deuten
Dazu leckere Schokolade und Kekse mit Marmelade.	···> mit der Hand über den Bauch reiben
Heute gibt es gute Sachen,	···> mit der Hand über den Bauch reiben
die uns viel Freude machen.	···> beide Arme in die Luft werfen
Darum geben wir uns die Hand und sagen dafür vielen Dank!	···> Die Kinder reichen einander die Hände.

Alle sind satt

Ein kleines interreligiöses Fingerspiel-Gebet nach dem Essen, das auch den jüngeren Kindern schon Spaß macht!

Der ist jetzt satt.	···> Daumen zeigen
Der mag kein Blatt.	···> Zeigefinger zeigen
Sein Bauch ist schwer.	···> Mittelfinger zeigen
Sein Teller ist leer.	···> Ringfinger zeigen
Auch der Kleine ist jetzt satt.	···> mit dem kleinen Finger wackeln
Auch er mag kein Blatt.	
Auch sein Bauch ist schwer.	
Auch sein Teller ist leer	
und dafür dankt er sehr!	···> kleinen Finger zeigen
Amen.	

Kapitel 4
Gebete in Bewegung

Mir knurrt ganz laut der Bauch!

Ein temporeiches Bewegungs-Gebet zur Einstimmung auf das gemeinsame Essen, das auch interreligiös eingesetzt werden kann.

Wir laufen schnell zum Tisch,	⋯> *auf der Stelle laufen*
dann setzt ein jeder sich.	⋯> *auf den Stuhl setzen*
Das Essen steht bereit,	⋯> *auf das Essen zeigen*
es ist auch höchste Zeit.	⋯> *auf das Handgelenk (imaginäre Uhr) zeigen*
Mir knurrt ganz laut der Bauch,	⋯> *den Bauch halten*
bei dir hör ich es auch!	⋯> *auf das Nachbarkind zeigen*
Nun möchten wir rasch Danke sagen,	⋯> *Hände falten*
weil wir genug zu essen haben!	⋯> *auf das Essen zeigen*

Pizza backen

Kinder lieben Pizza. Was liegt da näher, als diesem Lieblingsgericht ein Bewegungs-Gebet zu widmen?

Heute gibt es Pizza!	⋯> *mit beiden Händen einen großen Kreis in die Luft malen*
Die wird uns gut schmecken.	⋯> *mit der Hand über den Bauch reiben*
Zuerst kneten wir den Teig,	⋯> *mit beiden Händen Teig in der Luft kneten*
das kann uns nicht schrecken.	⋯> *mit dem Zeigefinger eine verneinende Bewegung in der Luft machen und mit dem Kopf schütteln*
Wir rollen den Teig aus,	⋯> *mit einem imaginären Nudelholz Teig in der Luft ausrollen*
dabei müssen wir uns recken.	⋯> *mit lang ausgestreckten Armen den imaginären Teig ausrollen*
Wir belegen den Teig,	⋯> *eine imaginäre Pizza belegen*
wir naschen und lecken.	⋯> *Finger ablecken andeuten*
Die Pizza backt im Ofen,	⋯> *Hand an die Stirn halten und schauen*
sie wird uns gut schmecken.	⋯> *mit der Hand über den Bauch reiben*
Die Pizza ist fertig,	⋯> *einen Kreis in die Luft malen*
wir teilen sie in Ecken.	⋯> *die imaginäre Pizza mit der flachen Hand in der Luft in „Stücke schneiden"*
Für jeden gibt es eine,	⋯> *in der Luft imaginäre Pizzastücke an die anderen Kinder verteilen*
wir schmausen und lecken.	
Wir danken dir, lieber Gott	⋯> *Hände falten*
für die leckeren Pizzaecken!	⋯> *mit der Hand den Bauch reiben*

Was Gott alles kann

*Ein Bewegungs-Gebet vom Wachsen und Ernten,
vom Essen und Danken*

Der Regen fällt leise auf das Feld.	⋯> *die Hände auf und ab bewegen und die Finger dabei „regnen" lassen*
Die Sonne steht hell am Himmelszelt.	⋯> *mit dem Finger nach oben deuten*
So wachsen üerall auf der Welt	⋯> *mit den Händen einen großen Kreis in die Luft malen*
leckere Dinge, was uns gut gefällt.	⋯> *mit der Hand nach oben und nach unten greifen und „pflücken"*
und schauen die Früchte staunend an.	⋯> *die Hand flach ausstrecken und eine imaginäre Frucht darauf bestaunen*
Beim Essen dann freut uns,	⋯> *mit der Hand über den Bauch reiben*
was Gott alles kann!	⋯> *die Arme jubelnd in die Luft werfen*

> **HINWEIS**
> Hierzu passt das Gebet „Wir alle leben von dir" von Seite 27 und die Meditation „Das warme Licht der Sonne" von Seite 47.

Wir wollen unseren Tisch decken

Kinder helfen gerne bei alltäglichen Aufgaben mit. Das Decken des Tisches vor gemeinsamen Mahlzeiten gehört mit dazu. Dabei helfen zu dürfen, stärkt das Selbstwertgefühl der Kinder und fördert zudem ihre Selbstständigkeit. Im folgenden Bewegungs-Gebet erleben die Kinder spielerisch den Ablauf vom Decken des Tisches mit allen Dingen, die dazugehören, bis hin zum Dank an Gott für das Essen.

Wir wollen unseren Tisch decken,	⋯> *mit beiden Händen einen Tisch in die Luft malen*
niemand darf sich jetzt verstecken!	⋯> *mit dem Zeigefinger in die Runde deuten*
Zuerst legen wir das Tischtuch auf.	⋯> *mit flachen Händen ein imaginäres Tischtuch in der Luft ausbreiten*
Dann stellen wir die Teller drauf,	⋯> *mehrere imaginäre Teller auf das „Tischtuch" stellen*
die Gläser und das Besteck.	⋯> *mehrere imaginäre Gläser und Besteckstücke auf das „Tischtuch" stellen bzw. legen*
Die Gabeln sind plözlich weg!	⋯> *die Arme in die Luft werfen*
Ah, da können wir sie sehen,	⋯> *die Hand an die Stirn halten und schauen*
nun kann es endlich weitergehen.	⋯> *auf der Stelle gehen*
Kartoffeln, Spinat und Fisch,	⋯> *den Bauch reiben*
das Essen duftet köstlich.	⋯> *mit der Nase in der Luft schnuppern*
Jetzt möchten wir aber endlich essen,	⋯> *mit der Hand eine imaginäre Gabel zum Mund führen*
den Dank an Gott bitte nicht vergessen!	⋯> *die Hände falten*

Leckere Spaghetti

Nudeln sind sicher jedem in der einen oder anderen Form bekannt. Kinder auf der ganzen Welt essen sie gerne. Spaghetti zu essen ist ein besonderer Spaß für die Kinder, lassen sich die langen Nudeln doch so herrlich aufsaugen!

Heute gibt es Spaghetti,	···> *Daumen und Zeigefinger beider Hände aneinanderlegen und dann langsam weit auseinanderziehen*
das ist ganz wunderbar!	···> *Arme jubelnd in die Höhe werfen*
Die essen wir so gerne, am liebsten das ganze Jahr.	···> *mit der Hand über den Bauch reiben*
Spaghetti mögen alle, egal, ob Klein, ob Groß.	···> *mit dem Finger in die Runde deuten*
Sie passen in jeden Bauch und schmecken ganz famos.	···> *mit der Hand über den Bauch reiben*
Wir reichen uns die Hände, denn wir sind alle hier.	···> *einander die Hände geben*
Das Warten hat ein Ende, wir danken Gott dafür!	

Obstsalat

Ein Bewegungs-Gebet zum Erntedankfest

Wir gehen in den Garten	···> auf der Stelle gehen
und suchen leckere Sachen.	···> suchend umherschauen
Die Früchte sind jetzt reif,	···> mit dem Zeigefinger auf imaginäre Früchte deuten
was jedes Kind auch weiß!	···> mit dem Zeigefinger in die Runde deuten
Die Ernte steht nun an,	···> mit der Hand imaginäre Früchte in der Luft pflücken
da freut sich jedermann.	···> freudig die Arme in die Luft werfen
Äpfel, Birnen und süße Beeren,	···> nacheinander einen Daumen, Zeigefinger und Mittelfinger zum Aufzählen zeigen
die wollen wir gleich verzehren.	···> mit der Hand imaginäre Früchte zum Mund führen
In einem leckeren Obstsalat,	···> mit einer Hand über den Bauch reiben
von dem ein jeder etwas hat!	···> mit dem Zeigefinger in die Runde deuten

Suppen-Rap

Der Suppen-Rap lässt sich mit den Kindern rhythmisch sprechen und klatschen. Er ist durch seine spezielle Sprechweise und die lustigen Passagen eine Abwechslung im täglichen Tischgebet. So erleben die Kinder das Beten einmal ganz anders.

Si-Sa-Suppe,
die mag auch meine Puppe.
Si-Sa-Suppe,
die mag auch ich sehr gern.

Si-Sa-Suppe,
die isst auch mein Bär.
Si-Sa-Suppe,
darum ist er so schwer.

Si-Sa-Suppe
wandert in meinen Mund.
Si-Sa-Suppe,
die ist auch sehr gesund.

Si-Sa-Suppe,
die Nudel ist ein Stern.
Si-Sa-Suppe
und Sterne mag ich gern.

Si-Sa-Suppe
wandert in meinen Bauch.
Si-Sa-Suppe,
und jetzt in deinen auch.

Si-Sa-Suppe,
wir sagen Dank dafür.
Si-Sa-Suppe,
darum beten wir hier.

Variante

Damit der Rap für jüngere Kinder nicht zu lang wird, können diese alternativ auch nur die beiden letzten Strophen sprechen.

Ki-Ka-Kuchen

Ein Bewegungs-Gebet vom Wachsen und Ernten, vom Essen und Danken

Der Ki-Ka-Kuchen,
der steht auf unserem Tisch.

Der Ki-Ka-Kuchen,
für dich und auch für mich.

Der Ki-Ka-Kuchen
ist ganz braun und rund.

Der Ki-Ka-Kuchen
wandert in unseren Mund.

Der Ki-Ka-Kuchen
ist für uns heute hier
und dafür danken wir!

Auf unserem Adventskranz

Ein Tischgebet zur Adventszeit, in dem der Adventskranz und das Denken an Jesus im Mittelpunkt stehen.

Auf unserem Adventskranz brennen die Kerzen.	···> einen Kreis in die Luft malen
Sie bringen Freude und Licht in unsere Herzen.	···> mit Zeigefingern und Daumen ein Herz bilden
Jetzt ist eine ganz besondere Zeit,	···> beide Arme freudig in die Luft werfen
bis Weihnachten ist es nicht mehr weit.	···> mit dem Zeigefinger eine verneinende Geste machen
Wenn wir nun zu Mittag essen,	···> Hand zum Mund führen und Essen andeuten
wollen wir Jesus nicht vergessen.	···> Hände falten

Kapitel 5
Stilleübungen

Atem holen

Eine kleine Atemübung, um vor dem Mittagessen zur Ruhe zu kommen

Material
Klangschale oder Triangel mit Schlägel

Vorbereitung
Die Spielleitung stellt die Klangschale auf den Mittagstisch.

Ablauf
Die Kinder und die Spielleitung gehen gemeinsam zum Tisch. Die Spielleitung bittet die Kinder darum, sich bequem an den Tisch zu setzen und ihre Augen zu schließen. Sie gibt mit der Klangschale ein Stillezeichen und beginnt dann zu sprechen:

„Unser Morgen im Kindergarten ist nun zu Ende. Wir haben gelacht und gespielt. Vielleicht gab es auch Ärger und Streit. Nun aber sitzen wir hier zusammen am Tisch. Wir sind alle sehr hungrig und freuen uns auf das Mittagessen. Dieses möchten wir ganz in Ruhe genießen. Wir freuen uns darüber, dass Gott uns das leckere Essen geschenkt hat. Dafür danken wir ihm und werden dazu nun einen Moment ganz still. Atmet ganz tief in euren Bauch, tief ein und wieder aus. Werdet ganz ruhig dabei. Öffnet nun langsam wieder eure Augen und kommt zurück an den Mittagstisch. Jetzt möchten wir gemeinsam essen und dabei ganz leise bleiben."

HINWEIS
Diese Atemübung, begleitet von der Klangschale, eignet sich gut als tägliches Ritual und als Einstieg in das Tischgebet.

Beim Licht der Kerze

Ein Essen bei Kerzenlicht gibt der gemeinsamen Mahlzeit einen feierlichen Rahmen. Sie erinnert uns an das Licht und die Wärme, die Gott uns schenkt.

Material
1 große Kerze; Kerzenhalter; Klangschale oder Triangel mit Schlägel; Feuerzeug; Löschdecke

Vorbereitung
Die Spielleitung stellt die Kerze in die Tischmitte. Sie hält außerdem das Feuerzeug und die Löschdecke bereit.

Ablauf
Die Kinder und die Spielleitung setzen sich an den Tisch. Die Spielleitung gibt mit der Klangschale ein Stillezeichen und die Kinder werden ruhig. Sobald Stille eingekehrt ist, zündet die Spielleitung oder eines der Kinder die Kerze an. Die Spielleitung beginnt zu sprechen:

„Auf unserem Tisch steht eine Kerze. Mit ihrem hellen Schein erinnert sie uns daran, dass Gott uns Licht schenkt. Gleich möchten wir zusammen essen. Dabei denken wir an Gott und daran, dass er uns viele gute Dinge gibt. So, wie die leuchtende Kerze uns Wärme schenkt und uns gut tut, hat er auch dafür gesorgt, dass unser Tisch reich gedeckt ist und das Essen gleich unserem Bauch gut tun und ihn wärmen wird. Dafür möchten wir ihm Danke sagen."

Alle halten noch einmal kurz inne und beginnen dann zu essen.

HINWEIS
Hierzu passt das Angebot „Eine besondere Kerze für den Tisch" von Seite 70.

Das warme Licht der Sonne

Eine Meditation zum Symbol der Sonne

Material
1 große Kerze; 1 goldener Teller (oder in Goldfolie eingewickelter Teller); Klangschale mit Schlägel; Feuerzeug; Löschdecke

Vorbereitung
Die Spielleitung verdunkelt den Raum. Sie stellt den Teller mit der Kerze sowie die Klangschale auf den Tisch und hält Feuerzeug und Löschdecke bereit.

Ablauf
Die Spielleitung lädt die Kinder an den Tisch ein. Sie gibt mit der Klangschale ein Stillezeichen und bittet die Kinder, ganz ruhig zu werden. Wenn Ruhe eingekehrt ist, zündet sie die Kerze an oder eines der Kinder darf dies übernehmen. Sobald die Kerze brennt, beginnt sie zu erzählen:

> „Schaut in das Licht der Kerze. Seht ihr, wie sie leuchtet? Sie strahlt hell und warm. Mit ihrem Licht erinnert sie uns an die Sonne. Wir sind froh darüber, dass es die Sonne gibt. Aber das war nicht immer so! Vor langer, langer Zeit gab es nichts. Da beschloss Gott, den Himmel und die Erde zu schaffen. Eine ganze Woche lang brauchte er dafür. In dieser Zeit schuf er das Land und die Meere, Tiere und Menschen, aber als Erstes sagte er: „Es werde Licht!" Nun hatte er den Tag und die Nacht geschaffen. In der Nacht ließ er den Mond und die Sterne leuchten, am Tag aber strahlte die Sonne vom Himmel. Wenn sie scheint, freuen wir uns. Sie wärmt uns und macht unser Herz froh. Die Sonne bringt uns Licht. Sie lässt viele Sachen auf der Erde wachsen, die wir ernten und essen können. Das Obst an den Bäumen und Sträuchern, das Gemüse und auch das Getreide auf dem Feld, aus dem das Mehl für unser Brot gemahlen wird. Wir möchten Gott dafür danken, dass er uns die Sonne geschenkt hat. Sie sorgt dafür, dass wir jeden Tag genügend zu essen haben."

Die Spielleitung beendet ihre Erzählung und bittet die Kinder, noch für einen kurzen Moment ruhig zu bleiben. Nach einem kurzen Innehalten beginnt das Essen.

GUT ZU WISSEN
Symbol „Sonne"

Früher war es üblich, den Altarraum in Kirchen nach Osten hin ausgerichtet zu bauen. Dies geht auf einen heidnischen Brauch zurück. Da die Sonne seit jeher als ein Zeichen für das Leben gilt, beteten die Menschen bereits in der Antike die aufgehende Sonne an. In der frühen Christenheit übernahmen die Gläubigen das Symbol der Sonne als Zeichen für Jesus. Ohne die Sonne würde nichts wachsen können, ohne sie gäbe es kein Leben auf der Erde. Im übertragenen Sinn gilt dies auch für Jesus, der uns durch seine Zuwendung Geborgenheit schenkt. Er lässt uns durch sein Vorbild in unserem Handeln reifen und wachsen. Auch in der Schöpfungsgeschichte wird die Sonne erwähnt (1.Mose/ Genesis 1,1-2,4 a).

Eine besondere Schale

Eine Stilleübung, die die Kinder in besonderem Maße achtsam werden lässt.

Material
1 besondere kleine Schale oder die goldene Schale vom Angebot auf Seite 68

Ablauf
Die Kinder sitzen gemeinsam mit der Spielleitung rund um den Tisch. Die Spielleitung hält eine Schale in ihren Händen. Sie fordert die Kinder dazu auf, leise zu werden und beginnt dann zu sprechen:

> „In meinen Händen halte ich eine besondere Schale. Diese Schale soll heute unsere Bitten an Gott zu unserem Essen aufnehmen. Wir geben die Schale nun von Kind zu Kind weiter. Jeder von uns hält die Schale für einen Moment in seinen Händen und gibt eine Bitte an Gott hinein. Dies macht jedes Kind so, wie es möchte. Ob laut, oder leise, entscheidet jeder für sich. Ich möchte Gott nun dafür danken, dass wir heute ein besonders leckeres Essen haben."

Die Schale wird nun einmal reihum gereicht, bis sie wieder bei der Spielleitung ankommt und das Essen beginnen kann.

Der Wunsch-Stein

*Das gemeinsame Essen mit einem guten Wunsch zu beginnen, führt die
Kinder zur Ruhe und stärkt das Gemeinschaftsgefühl.*

Material
1 besonderer Stein, z. B. ein Edelstein oder ein selbst gestalteter Stein (s. S. 73)

Ablauf
Alle sitzen gemeinsam um den Tisch. Die Spielleitung nimmt den Stein in ihre Hand und spricht:

„Wir sitzen hier am Tisch und freuen uns auf das Essen. Ich bin froh darüber, dass mein Bauch heute nicht leer bleiben muss."

Anschließend gibt die Spielleitung den Stein an das neben ihr sitzende Kind weiter und fordert es dazu auf, einen guten Wunsch oder eine Bitte für das kommende Essen zu sagen. So geht es reihum weiter, bis der Stein wieder bei der Spielleitung angekommen ist. Diese nimmt den Stein erneut in die Hand und sagt:

„Danke, dass wir hier zusammen sind und dafür, dass wir genug zu essen und zu trinken haben. Amen"

> **HINWEIS**
> Hierzu passt die Geschichte „Ein Mittagessen bei Emilia" von Seite 13.

Das kleine Weizenkorn

Eine kleine Traumreise zum Wachstum

Material
1 kleine Schale mit Weizenkörnern

Ablauf
Die Kinder und die Spielleitung sitzen am Tisch.
Die Spielleitung gibt die Schale mit den Weizenkörnern
herum und erarbeitet mit den Kindern dazu die folgenden Fragen:
Wissen die Kinder, was in der Schale ist?
Wo wächst Weizen?
Wie wird er geerntet?
Was kann man daraus herstellen?
Sobald die Fragen geklärt sind, nehmen die Kinder sich je ein Weizenkorn aus der Schüssel.
Sie halten es ganz fest in ihrer Hand und die Spielleitung beginnt zu sprechen:

> „Schließe deine Augen und atme ganz tief ein und aus. Atme ganz tief in deinen Bauch hinein und werde ruhig. Atme noch einmal tief ein und wieder aus. Denke jetzt an das kleine Korn, das du in deiner Hand hältst. Du kannst es kaum spüren, so winzig ist es. Vielleicht ist das Korn in deiner Hand nun auch schon ein wenig warm geworden.
>
> Ich möchte dich jetzt einladen, mit mir eine kleine Reise zu machen. Stell dir vor, du bist das kleine Korn. Es ist Herbst. Mit vielen anderen kleinen Körnern liegst du warm und geborgen in einem großen Sack in einer alten Scheune. Eines Tages kommt der Bauer, dem diese Scheune gehört und nimmt eine Handvoll Körner aus dem Sack. Auch du liegst in seiner warmen Hand. Der Bauer geht mit dir und den anderen Körnern durch das Scheunentor nach draußen. Hier ist es ganz hell. Die Sonne scheint vom Himmel und du hörst Vögel, die fröhlich zwitschern. Du riechst den Duft von Erde. Immer stärker kannst du ihn wahrnehmen, als der Bauer weitergeht. Dabei trägt er dich und die anderen Körner langsam und vorsichtig in seiner warmen Hand. Auf einmal bleibt der Bauer stehen. Er öffnet seine Hand. Nun siehst du, dass ihr an einem großen Acker angekommen seid. Du siehst eine große Fläche voller feuchter Erde vor dir. Nun nimmt der Bauer ein Korn nach dem anderen aus seiner Hand und gräbt es in der Erde ein. Ganz zum Schluss bist nur noch du alleine in seiner Hand, aber schließlich legt der Bauer auch dich in die Erde. Ganz schön dunkel findest du es hier, nachdem du gerade noch im warmen Sonnenlicht gewesen bist, aber allmählich gefällt es dir in der Erde. Du machst es dir dort gemütlich. Lange Zeit bleibst du in der Erde. Manchmal scheint die Sonne, dann ist es ganz warm um dich herum, manchmal regnet es auch, dann wird die Erde ganz feucht. Einen ganzen langen Winter liegst du in

der Erde, während diese von einer dicken Schneedecke bedeckt ist. Aber der lange Winter ist schließlich vorbei und du spürst, wie die Sonne wieder die Erde wärmt. Die Wärme gefällt dir gut und behaglich reckst und streckst du dich, um der Sonne näher zu kommen. Ganz allmählich beginnst du dabei zu wachsen und nach einiger Zeit steckst du deinen Kopf aus der Erde. Endlich spürst du die Sonne richtig gut. Du wächst ihr immer weiter entgegen und wirst dabei von Tag zu Tag größer und hast dabei eine schöne grüne Farbe bekommen. Manchmal regnet es auch, aber auch das freut dich, denn so hast du auch etwas zu trinken. So vergehen das Frühjahr und der halbe Sommer. Nun bist du eine große Ähre geworden und deine schöne grüne Farbe hat sich durch die Sonne in Gelb verwandelt. Auch die anderen Weizenkörner aus der Scheune sind zu langen gelben Ähren herangewachsen. Rund um die Spitze eurer Halme liegen jetzt viele kleine Körner. Eines Tages kommt der Bauer wieder auf das Feld. Er geht umher und erntet die Ähren ab. Auch zu dir kommt er und legt dich in einen großen Korb. Du bist ganz aufgeregt und gespannt darauf, wohin deine Reise jetzt gehen wird.

Für heute aber hast du genug erlebt. Vielleicht kannst du auch schon das Essen riechen, das es gleich für uns alle gibt. Atme tief ein und wieder aus. Öffne deine Augen, wenn du dazu wieder bereit bist. Wenn du möchtest, kannst du von deiner Reise erzählen."

Die Spielleitung lässt die Kinder im Anschluss von ihren Eindrücken berichten, bis das Essen beginnt:
Was wird wohl aus den Körnern?
Vielleicht ein leckeres Brot oder knusprige Brötchen?
Wer lässt die vielen Dinge auf der Erde wachsen?
Vor dem Essen kann nun noch gemeinsam ein Dankeschön an Gott für das Essen gesprochen werden.

HINWEIS
Passend dazu findet sich auf Seite 75 ein Rezept für Dinkelbrot.

Bunt wie ein Regenbogen

Unser Essen ist vielfältig und bunt, so wie ein Regenbogen. Mit dem Tischbild dazu wird diese Vielfalt aufgezeigt. Zunächst als Einführung in das folgende Essen, um später dann als optischer Mittelpunkt der gemeinsamen Mahlzeit genutzt zu werden.

Material
1 Korb; Obst, Getreide und Gemüse in den Farben des Regenbogens: rot- roter Apfel; orange- Kürbis; gelb- Ähren; grün- Birne; blau- Rotkohl; violett- Pflaumen (alternativ oder ergänzend: Lebensmittel aus der Puppenküche, Bildmaterial oder Ciffontücher in den Farben des Regenbogens); weißes Tuch; Klangschale mit Schlägel

Vorbereitung
Die Spielleitung legt das Obst, Getreide und Gemüse sowie das Tuch in den Korb. Diesen stellt sie auf den Tisch. Die Klangschale platziert sie daneben.

Ablauf
Die Spielleitung bittet die Kinder an den Tisch. Sie nimmt die Klangschale und gibt damit ein Stillezeichen. Sobald Ruhe eingekehrt ist, beginnt sie zu erzählen:

> „Im Moment ist Erntezeit. Auf den Feldern, an den Bäumen und Sträuchern sind jetzt viele Früchte reif geworden und können geerntet werden. Bei einem besonderen Fest danken wir Gott für die gute Ernte und dafür, dass wir genügend zu essen haben. Das Fest heißt Erntedankfest. Auch wir möchten heute vor unserem Essen Gott danke sagen für die vielen guten Dinge, die er auf der Erde wachsen lässt und uns schenkt. Das Obst, das Getreide und das Gemüse sind so bunt wie ein Regenbogen. Mit diesem möchten wir heute unseren Tisch schmücken und auch beim Essen daran denken, dass wir all das von Gott geschenkt bekommen."

Die Spielleitung fordert nun Kinder dazu auf, das Tuch auf den Tisch zu legen und danach die einzelnen Dinge aus dem Korb zu nehmen. Diese werden benannt und in der Abfolge eines Regenbogens auf den Tisch gelegt. Wenn der „Regenbogen" liegt, reichen alle einander die Hände und halten vor dem Essen noch einmal kurz inne.

Variante

Kinder lieben die federleichten Chiffontücher, die in fast jedem Kindergarten zur Grundausstattung gehören. Mit ihnen kann alternativ ein Regenbogen gelegt werden. Dazu bespricht die Spielleitung mit den Kindern im Vorfeld die Farben unterschiedlicher Lebensmittel. Zu jeder der sechs Farben nimmt sich jeweils ein Kind ein passendes Chiffontuch und hält es als kleinen Stoffball zwischen den Händen. Die Kinder öffnen nacheinander langsam ihre Hände. Sie lassen vorsichtig das Tuch, und damit eine Farbe, daraus wachsen. Die Kinder legen die Tücher bogenförimg untereinander auf das Tuch bzw. den Tisch. So entsteht nach und nach ein farbenfroher Regenbogen.

GUT ZU WISSEN
Symbol „Regenbogen"

Der Regenbogen steht im Christentum und im Judentum symbolisch für die Verbundenheit zwischen Gott und den Menschen. Dies kommt besonders in der Erzählung von Noah zum Tragen. Gott ließ nach der Sintflut einen Regenbogen am Himmel erscheinen und gab das Zeichen seiner Versöhnung mit den Menschen. Die Farben des Regenbogens wirken zudem positiv und zeigen die Vielfalt des Lebens.

Danke für das Brot

Brot ist eines der wichtigsten Symbole für das Leben. Im Christentum wird es während des Abendmahls verteilt.

Material
1 Klangschale; 1 Brotkorb mit einem Tuch und einem Laib Brot (alternativ ein Brot aus der Kinderküche)

Vorbereitung
Die Spielleitung legt in die Mitte des gedeckten Tisches ein Tuch. Darauf platziert sie den Korb mit dem Brot. Die Klangschale stellt sie neben das Tuch.

Ablauf
Die Kinder sitzen rund um den Tisch. Die Spielleitung nimmt die Klangschale und schlägt diese als Stillezeichen an. Sie fordert die Kinder auf, sich an den Händen zu fassen und beginnt zu erzählen:

„Unser Tisch ist reich gedeckt. Heute liegt darauf ein Brot. Dafür wollen wir Gott danken. Er hat uns die Sonne, den Regen und die Erde geschenkt. Darauf wachsen viele Dinge, die wir essen können. So gibt es auf den Feldern das Getreide. Die Sonne und der Regen lassen die Ähren wachsen, bis das Korn reif geworden ist und vom Bauern geerntet werden kann. Der Bauer bringt das Korn zur Mühle. Der Müller mahlt das Korn zu Mehl und bringt es zum Bäcker. Der Bäcker knetet das Mehl unter seinen Teig und backt daraus ein knuspriges Brot. Das Brot liegt jetzt hier auf unserem Tisch. Wir können das Brot und noch viele andere Dinge essen und trinken. Danke guter Gott."

Die gemeinsame Mahlzeit beginnt. Die Spielleitung verteilt zusätzlich kleine Stücke von dem Brot an die Kinder.

HINWEIS
Hierzu passt die Klanggeschichte „Ein Schiff voller Getreide" von Seite 60 und die Traumreise „Das kleine Weizenkorn" von Seite 50 / 51.

Liebe Maria!

Kinder finden einen unkomplizierten Zugang zu Maria. Sie sehen sie ganz einfach als Mutter eines besonderen Kindes.

Ablauf

Die Kinder sitzen gemeinsam mit der Spielleitung rund um den Tisch. Diese bittet die Kinder, einander die Hände zu reichen. Dann beginnt sie zu erzählen:

„Liebe Maria,
du bist die Mutter von Jesus.
Du hast immer gut für ihn gesorgt.
Du hast ihm immer gut zugehört.
Du hast ihn immer liebgehabt.
Du hast ihm Geschichten erzählt.
Du hast ihm jeden Tag sein Essen gekocht.
Auch wir möchten jetzt gemeinsam essen.
Auch für uns steht ein leckeres Essen bereit.
Heute möchten wir beim Essen ganz besonders an dich und an unsere Mütter (unsere Eltern) denken, die, so wie du für Jesus, jeden Tag für uns da sind und jeden Tag dafür sorgen, dass wir genug zu essen haben.
Danke dafür!"

GUT ZU WISSEN
Maria

Im Christentum wird Maria als die Mutter von Jesus verehrt. Maria ist die griechische Form des hebräischen Namens Miriam. Besonders die Katholiken verehren Maria. In Kirchen zeugen davon Statuen und Bilder. Es gibt zahlreiche Tage, an denen ihrer im Lauf des Jahres gedacht wird und dadurch eine Vielzahl von Namenstagen. Oft wird der Name Maria auch heute noch als Erst- oder als Zweitname vergeben. Besonders häufig sind auch die Formen Marie oder Miriam. Ein wichtiger Monat zum Gedenken an Maria ist der Mai, der deswegen auch der Marienmonat genannt wird. Früher wurden im Mai kleine Marienaltäre, geschmückt mit vielen Blumen, aufgebaut, um der Verehrung für Maria Ausdruck zu verleihen. Auch im Islam ist Maria unter dem Namen Maryam bekannt.

Mit Freunden am Tisch

Jedes Kind braucht Freunde. Mit ihnen kann es spielen, singen und lachen, Unsinn machen, manchmal auch streiten und sich wieder vertragen. Freunde sind neben der Familie wichtige Bezugspersonen. Auch Jesus war einmal ein Kind. Auch er hatte als Kind und später als Erwachsener Freunde, mit denen er all diese Dinge gemacht hat. Seine letzte Mahlzeit hat er im Kreis seiner Freunde eingenommen.

Ablauf

Die Kinder und die Spielleitung sitzen um den Tisch. Die Spielleitung fordert die Kinder dazu auf, einander die Hände zu reichen. Sie beginnt zu erzählen:

> „Wir sitzen hier als Freunde um unseren Tisch. Gleich möchten wir gemeinsam essen. Heute denken wir vor dem Essen an einen ganz besonderen Menschen. Wir denken an Jesus. Auch Jesus hat oft mit seinen Freunden gegessen. Er hat sich sicherlich wohl dabei gefühlt und das Zusammensein mit seinen Freunden genossen. So wie er freuen auch wir uns über die Gesellschaft unserer Freunde und darauf, gleich miteinander zu essen. Amen."

Nach der Stilleübung lösen die Kinder ihre Hände und das Essen kann beginnen.

HINWEIS
Diese Stilleübung passt besonders gut in die Osterzeit.

Rund um unsern Tisch

Gemeinsam um einen Tisch zu sitzen und zu essen, fördert das Gemeinschaftsgefühl und macht Spaß. Der Aspekt der Gemeinschaft ist zudem ein wichtiger Bestandteil des Christentums und auch anderer Glaubensgemeinschaften.

Ablauf

Die Kinder sitzen mit der Spielleitung rund um den Tisch. Die Spielleitung fordert die Kinder dazu auf, sich an den Händen zu fassen und dabei die Augen zu schließen. Sie beginnt zu sprechen:

> "Wir sitzen hier rund um unseren Tisch. Die Gemeinschaft tut uns gut. Gleich möchten wir zusammen essen. Darauf freuen wir uns, denn alleine zu essen macht keinen Spaß. Wir sind froh darüber, dass wir es gemeinsam machen dürfen. Wir freuen uns auch darüber, dass wir genug zu essen haben und nicht hungrig bleiben müssen. Wir bitten darum, dass es allen Kindern so gut geht wie uns hier, und dass alle Menschen genug zu essen haben. Amen."

Die Kinder halten noch kurz inne, bevor sie ihre Augen wieder öffnen und die Hände lösen. Das gemeinsame Essen beginnt.

Variante

Die Stilleübung kann auch gut im Stuhlkreis, etwa im Rahmen einer Geburtstagsfeier, durchgeführt werden. Zudem lässt sie sich auch interreligiös einsetzen. Dazu wird am Ende das „Amen" nicht gesprochen.

Und alle werden satt

Während der Speisung der Fünftausend schaffte Jesus es, mit fünf Broten und zwei Fischen 5000 Menschen satt zu machen (Johannes, 6, 1-15). Die Geschichte soll daran erinnern, dass alle satt werden, wenn man miteinander teilt.

Instrumente
Jesus: Klangschale mit Schlägel; Jünger: Maracas; Menschen: Holzklangstäbe; Brote: Handtrommel; Fische: Ocean Drum

Vorbereitung
Die Spielleitung hält die Instrumente für das Klang-Gebet auf dem Tisch bereit.

Ablauf
Die Kinder setzen sich rund um den Tisch. Vor dem Klangspiel erzählt die Spielleitung kurz deren Inhalt und gibt eine Einführung in die Handhabung der Instrumente. Im Anschluss daran werden die Rollen bzw. die Instrumente an die Kinder verteilt. Wichtig ist, dass jedes Kind ein Instrument bekommt. Alle Kinder sollen mit eingebunden werden. Die Spielleitung beginnt zu erzählen:

„Eines Tages war Jesus (Klangschale anschlagen) mit seinen Jüngern (Maracas leicht schütteln) am See Genezaret unterwegs. Viele Menschen (Holzklangstäbe aneinander schlagen) kamen, um Jesus (Klangschale anschlagen) zu sehen. Die Menschen (Holzklangstäbe aneinander schlagen) blieben sehr lange, bis zum Abend. Allmählich breitete sich nun Unruhe unter den Menschen (Holzklangstäbe aneinander schlagen) aus, denn inzwischen waren alle sehr hungrig geworden. Die Jünger (Maracas leicht schütteln) bemerkten dies und sagten zu Jesus (Klangschale anschlagen), er solle die Menschen (Holzklangstäbe aneinander schlagen) wegschicken. Jesus (Klangschale anschlagen) aber bat die Jünger (Maracas leicht schütteln), den Menschen (Holzklangstäbe aneinander schlagen) etwas zu essen zu geben. Die Jünger (Maracas leicht schütteln) waren ratlos. Wo sollten sie genügend Essen für so viele Menschen (Holzklangstäbe aneinander schlagen) finden? Da schickte Jesus (Klangschale anschlagen) die Jünger (Maracas leicht schütteln) los, damit sie alles, was sie an essbaren Dingen finden würden, zu ihm bringen sollten. Als die Jünger (Maracas leicht schütteln) zu Jesus (Klangschale anschlagen) zurückkamen, hatten sie fünf Brote (mit der flachen Hand leicht auf die Handtrommel schlagen) und zwei Fische (Ocean Drum langsam hin und her bewegen) gefunden. Das würde niemals für so viele hungrige Menschen (Holzklangstäbe aneinander schlagen) reichen! Jesus (Klangschale anschlagen) aber bat die Menschen (Holzklangstäbe aneinander schlagen), sich in Gruppen aufzuteilen. Er nahm die Brote (mit der flachen Hand leicht auf die Handtrommel schlagen) und die Fische (Ocean Drum langsam hin und her bewegen) und sprach ein Gebet. Danach bat er die Jünger (Maracas leicht schütteln) darum, die Brote (mit der flachen Hand leicht auf die Handtrommel schlagen) und die Fische (Ocean Drum langsam hin und her bewegen) an die Menschen (Holzklangstäbe aneinander schlagen) zu verteilen. Alle Menschen (Holzklangstäbe aneinander schlagen) aßen davon und am Ende blieb sogar noch etwas übrig.

So werden alle satt, wenn man miteinander teilt. Auch wir teilen gleich unser Essen miteinander und werden so sicherlich alle satt werden. Danke dafür!"

Die Kinder halten kurz inne, legen ihre Instrumente zurück und das Essen kann beginnen.

Ein Schiff voller Getreide

In dieser Klanggeschichte wird eine bekannte Geschichte über Nikolaus von Myra erzählt. Eine kurze Klanggeschichte mit passendem Inhalt stellt eine Alternative zum herkömmlichen Gebet dar. In dieser Geschichte wird dem Getreide, stellvertretend für das Symbol „Brot" und dem Schiff, einem weiteren wichtigen Symbol, Raum gegeben.

Instrumente
Nikolaus: Klangschale mit Schlägel; hungrige Menschen: Holzklangstäbe; Schiff: Ocean Drum; Weizen: Maracas; Seeleute: Schellenkränze; Kaiser von Konstantinopel: Handtrommel

Vorbereitung
Die Spielleitung legt die Instrumente für das Klanggebet auf dem Tisch bereit.

Ablauf
Die Kinder setzen sich an den Tisch. Bevor das Gebet von den Kindern klanglich umgesetzt wird, erzählt die Spielleitung kurz den Inhalt der Geschichte und gibt eine Einführung in die Handhabung der Instrumente. Sobald dies geschehen ist, werden die Rollen bzw. die Instrumente verteilt. Dabei sollte jedes Kind ein Instrument erhalten. Mehrfachbesetzungen sind nicht nur möglich, sondern erwünscht, damit sich alle Kinder beteiligen können. Die Spielleitung beginnt zu erzählen:

„Vor langer Zeit lebte in der Stadt Myra ein ganz besonderer Mann. Sein Name war Nikolaus (Klangschale anschlagen) und er war der Bischof der Stadt. Eines Tages herrschte eine große Hungersnot (Holzklangstäbe aneinander schlagen) in der Stadt. Alle Menschen waren sehr hungrig (Holzklangstäbe aneinander schlagen) und wurden von Tag zu Tag verzweifelter. Nun lag die Stadt Myra am Meer. So kam es, dass drei Schiffe (Ocean Drum hin und her bewegen) in den Hafen einliefen. Diese waren schwer mit Weizen (Maracas leicht schütteln) beladen. Als Nikolaus (Klangschale anschlagen) dies sah, lief er rasch zum Hafen. Er ging zu den Schiffen (Ocean Drum hin und her bewegen) und bat die Seeleute (mit den Schellenkränzen rasseln) um Weizen (Maracas leicht schütteln) für die hungrigen Menschen (Holzklangstäbe aneinander schlagen) seiner Stadt. Die Seeleute (mit den Schellenkränzen rasseln) wehrten Nikolaus' (Klangschale anschlagen) Bitte aber erschrocken ab. Sie erzählten Nikolaus (Klangschale anschlagen), dass der Weizen (Maracas leicht schütteln) für den Kaiser von Konstantinopel (mit der Hand auf das Fell der Handtrommel schlagen) bestimmt wäre. Sicherlich würden sie großen Ärger mit dem Kaiser (mit der Hand auf das Fell der Handtrommel schlagen) bekommen, wenn sie ihm nicht den ganzen Weizen (Maracas leicht schütteln) bringen würden. Nikolaus (Klangschale anschlagen) aber versicherte den Seeleuten (mit den Schellenkränzen rasseln), dass kein einziges Korn fehlen würde, wenn sie auf Gott vertrauten. Die Seeleute (mit den Schellenkränzen rasseln) ließen sich nun endlich von Nikolaus (Klangschale anschlagen) überzeugen. Dieser verteilte den Weizen (Maracas leicht schütteln) an die hungrigen Menschen (Holzklangstäbe aneinander schlagen). So kam es, dass niemand mehr Not leiden musste, und als die Seeleute (mit den Schellenkränzen rasseln) beim Kaiser von Konstantinopel (mit der Hand auf das Fell der Handtrommel schlagen) ankamen, fehlte kein einziges Weizenkorn (Maracas leicht schütteln).

Auch wir haben heute genug zu essen und möchten uns dafür bedanken. Amen."

Alle sind einen Moment lang still, bevor die Kinder die Instrumente zurücklegen und das Essen beginnen kann.

GUT ZU WISSEN
Symbol „Schiff"

Vorbild für das Zeichen des Schiffes ist die Arche Noah. Es ist eines der ältesten und bekanntesten Symbole in der Kirche. Das Schiff steht für die gemeinsame Reise der Gläubigen und die Lebensreise an sich. Mit dem Schiff reist man durch das stürmische Meer. Dieses symbolisiert nach alten Vorstellungen die Sünde und den Tod. Die Reise beginnt mit der Geburt und endet mit dem Tod und der Ankunft im Hafen Gottes. Der Mast des Schiffes steht dabei für das Kreuz, an dem Jesus für die Menschen gestorben ist.

Kapitel 6

Rund um das Gebet

Unser Gebetswürfel

Mit einem Gebetswürfel können die Kinder vor den Mahlzeiten ein Gebet würfeln, welches dann gemeinsam gesprochen wird. Ein schönes Ritual, das mit einem selbst gestalteten Würfel ganz neue Möglichkeiten eröffnet. Auf solch einem besonderen Würfel finden Lieblingsgebete oder auch eigene Gebete der Kinder Platz und bekommen so einen besonderen Stellenwert im täglichen Tischgebet.

Material
Vorlage für den Würfel (s. S. 78); Bleistift; Fotokarton in Weiß oder anderen Farben; Schere; Buntstifte; Kopiervorlagen der Lieblingsgebete der Kinder; Klebeunterlage; Klebestift

Vorbereitung
Die Spielleitung überträgt die Vorlage des Würfels auf Fotokarton und zeichnet die Faltlinien ein. Sie bereitet einen Basteltisch mit den übrigen Materialien vor.

Ablauf
Die Kinder malen die sechs Flächen des späteren Würfels an oder bekleben diese mit Kopien der Gebete. Mithilfe der Spielleitung schneiden die Kinder die fertig gestaltete Vorlage aus und falzen die vorgegebenen Linien. In einem letzten Schritt bestreichen sie die Klebelaschen und falten den Würfel zusammen.

Varianten

Der Gebetswürfel kann auch als Karteikasten dienen. Dazu werden die Flächen des Würfels bemalt und dieser anschließend, wie zuvor beschrieben, zusammengefaltet und geklebt. Die letzte Lasche wird jedoch nicht fixiert. So entsteht eine Würfelbox mit Deckel. Im Inneren des Würfels können Zettel mit Gebeten aufbewahrt und je nach Anlass herausgenommen werden.

Ältere Kinder schneiden die Vorlage rundherum aus. Mithilfe der Spielleitung falzen sie die vorgegebenen Linien. Die Kinder drehen ihre Arbeit um. Die sechs entstandenen Flächen des späteren Würfels können sie nun, je nach Wunsch, bemalen und mit Kopien der Gebete bekleben. Wer eigene Gebete auf den Würfel schreiben möchte, kann dies, mit Unterstützung der Spielleitung, auch machen. In einem letzten Schritt bestreichen die Kinder die Klebelaschen und falten den Würfel zusammen.

Mein Gebetbuch

Bücher sind etwas ganz Besonderes. In ihnen stehen spannende und geheimnisvolle, lustige und traurige Geschichten. Auch die Bibel ist solch ein Buch, voller ganz unterschiedlicher Geschichten. Ein Gebetbuch kann für Kinder den Stellenwert eines Lieblingsbilderbuches bekommen. In einem eigenen Gebetbuch sammeln die Kinder ihre Lieblingsgebete und illustrieren diese mit gezeichneten Bildern. So haben sie die Gebete stets griffbereit und können die Möglichkeit des Tischgebetes auch mit nach Hause nehmen.

Material
Faltanleitung für das Buch (z.B. über www.minibooks.ch/faltanleitung.cfm); Texte von Gebeten; festes weißes Papier; Fotokopiergerät; Schere; Klebestift; Klebeunterlage; Buntstifte; Stoffbänder

Vorbereitung
Die Spielleitung bereitet Kopien der Faltvorlagen für das Buch und der Texte von Gebeten vor. Die übrigen Materialien legt sie auf den Basteltisch.

Ablauf
Die Kinder gestalten die Seiten für ihr Gebetbuch. Dazu kleben sie ihre Lieblingsgebete auf und illustrieren diese mit Buntstiftzeichnungen. Sobald alle Seiten fertig sind, falten die Kinder sie zu einem Buch und bohren an den vorgegebenen Stellen Löcher für die Bindung durch das Papier. Die Spielleitung gibt hierbei Hilfestellung. Mit einem Stoffband binden die Kinder die Seiten zusammen und lassen so ein schönes Gebetbuch entstehen.

GUT ZU WISSEN
Bibel

Das Judentum und das Christentum kennen eine Bibel. Im Judentum wird aus dem Tanach gelesen. Dieser setzt sich aus der Tora, was Weisung bedeutet, den Nevi'im, was für Propheten steht und den Ketuvim, den Schriften, zusammen. In der Bibel des Christentums, die sich aus dem Alten Testament und dem Neuen Testament zusammensetzt, kommen alle Bücher des Tanachs als Altes Testament vor. Das Wort Bibel leitet sich vom griechischen biblia für "Bücher ab".

Ein Fisch für unseren Tisch

Fische stehen als Tiere des Wassers für Leben und Fruchtbarkeit.

Material
festeres Papier oder Pappe; Buntstifte; Schere; Malkittel; Knetunterlage; lufttrocknende Modelliermasse in Rot und in Weiß; Nudelhölzer; Modellierwerkzeug (alternativ: altes Messer und Zahnstocher)

Vorbereitung
Die Spielleitung bereitet einen Werktisch vor. Sie legt für jedes Kind eine Knetunterlage und einen Malkittel bereit. In der Tischmitte platziert sie die Materialien und die Werkzeuge so, dass die Dinge für alle Kinder gut erreichbar sind.

Ablauf
Die Spielleitung setzt sich mit den Kindern an den Tisch. Sie bespricht mit ihnen die Bedeutung des Fisches als christliches Symbol. Sicher fallen den Kindern in diesem Zusammenhang Orte und Dinge ein, wo ihnen der Fisch als Zeichen bereits begegnet ist, etwa in Kirchenfenstern, Büchern oder als Aufkleber auf Autos.

Im Anschluss an das Gespräch werden aus der Modelliermasse Fische gestaltet. Jedes Kind bekommt ein Stück Papier, einen Stift und eine Schere. Die Kinder zeichnen jeweils einen Fisch auf ihr Papier. Sie schneiden diesen aus und erhalten so eine Schablone. Im nächsten Schritt nimmt jedes Kind ein Stück der Modelliermasse. Diese wird mit dem Nudelholz etwa 5 mm dick ausgerollt. Auf die entstandene Platte legen die Kinder ihre Fischschablone. Sie umfahren die Schablone mit einem passenden Modellierwerkzeug oder mit einem Messer und schneiden einen Fisch aus. Den entstandenen Fisch glätten die Kinder an der Schnittkante rundherum mit den Fingern. Unter Verwendung der restlichen Modelliermasse, die in kleinen Stücken aufgebracht wird oder unter Zuhilfenahme der Modellierwerkzeuge bzw. der Zahnstocher, gestaltet jedes Kind seinen Fisch mit Mustern individuell aus. Die Fische können flach bleiben oder rundherum leicht nach oben gebogen und so in eine Schalenform gebracht werden. Sie müssen einige Tage lang trocknen und schmücken danach als Kerzenhalter oder Schalen den gedeckten Tisch.

HINWEIS
Statt der Modelliermasse kann natürlich auch Ton verarbeitet werden. Dieser ist kostengünstiger, muss aber gebrannt werden. Die lufttrocknende Modelliermasse ist teurer, kann aber überall sofort eingesetzt werden

GUT ZU WISSEN
Symbol „Fisch"

Der Fisch ist seit der Frühzeit des Christentums ein Erkennungszeichen für Christen weltweit. Er wurde als solches sehr wahrscheinlich schon während der Verfolgung der ersten Christen durch die Römer verwendet. Das Wort „ichthys" ist griechisch und bedeutet Fisch:

I = JESUS
CH = CHRISTUS
T = THEOS (Gott)
Y = UIOS (Sohn)
S = SOTER (Retter)
„IESOUS CHRISTOS THEOU YIOS SOTER" = Jesus Christus, Gottes Sohn, Erlöser.

Das Symbol entstand durch das Wort Jesu an Petrus und Andreas: „Kommt her, folgt mir nach! Ich werde euch zu Menschenfischern machen." (Matthäus 4,19)

Die goldene Schale

Bei gemeinsamen Mahlzeiten kann eine goldene Schale den Tisch schmücken. Zudem kann die Schale mit passenden Dingen zum christlichen Jahreskreis bestückt werden und diesen auch optisch für die Kinder präsent machen.

Material
Malkittel; Maldecke; Luftballon; Kleister; Transparentpapier in Weiß; runde Materialschale; Schere; Borstenpinsel; Teller; Acrylfarbe in Gold

Vorbereitung
Die Spielleitung bereitet für beide Arbeitsschritte einen Arbeitstisch mit den benötigten Materialien vor und legt Malkittel für die Kinder bereit.

Ablauf
Die Spielleitung bespricht mit den Kindern die Bedeutung des Symbols „Schale". Solch eine Schale soll nun auch für den Esstisch von den Kindern gestaltet werden. Dazu wird zunächst ein Luftballon groß aufgepustet und in eine runde Materialschale gestellt. Die Kinder reißen das Transparentpapier in kleine Schnipsel. Diese kleben sie in mehreren Schichten mit Kleister rund um den Luftballon. Dabei wechseln die Kinder sich ab, damit jeder bei der Herstellung beteiligt sein kann. Sobald genügend Papierschichten aufgeklebt sind, muss das feuchte Papier mehrere Tage lang trocknen.

In einem zweiten Schritt schneidet die Spielleitung den getrockneten Papierkörper mittig so auf, dass zwei flache Schalen entstehen und entfernt anschließend den Ballon. Die beiden Schalen malen die Kinder rundherum mit goldener Acrylfarbe an.

> **HINWEIS**
> Hierzu passt die Stilleübung von Seite 48.

GUT ZU WISSEN
Symbol „Schale"

Eine Schale nimmt Dinge auf. Sie hält und schützt diese. Sie erinnert an das Abendmahl, durch das wir mit Gottes Liebe in Kontakt kommen. Kinder kennen Schalen oder Kelche häufig aus dem Gottesdienst, wo sie beim Abendmahl Verwendung finden. Diese kostbaren Gefäße, häufig gefertigt aus Edelmetallen wie Silber oder Gold, üben eine große Faszination auf Kinder aus.

Eine besondere Kerze für den Tisch

Ein schöner Brauch, nicht nur zur Osterzeit.

Material
pro Kind 1 Stumpenkerze in Weiß, 1 Holzbrett und 1 Messer; Wachsfolien in verschiedenen Farben; Ausstechformen für Plätzchen; eventuell 1 Osterkerze

Vorbereitung
Die Spielleitung bereitet für jedes Kind einen Arbeitsplatz am Tisch mit je einer Stumpenkerze und einem Holzbrett vor. Die Wachsfolien und die Ausstechformen liegen, für alle Kinder gut erreichbar, in der Mitte des Tisches.

Ablauf
Die Spielleitung bespricht mit den Kindern das Symbol der Kerze und der Osterkerze im Besonderen. Eventuell wird hierzu auch eine Osterkerze als Anschauungsmaterial bereitgehalten. Die Kinder gestalten danach ihre Kerzen beliebig mit ausgestochenen oder ausgeschnittenen Formen aus Wachsfolien. Dazu legen sie die Wachsplatten auf die Holzbretter und stechen die Motive entweder mit Ausstechformen aus oder schneiden diese mit dem Messer. Die Wachsformen werden auf der Kerze platziert und angedrückt.

HINWEIS
Eine selbst gestaltete Kerze der Kinder kann während des ganzen Jahres den Esstisch der Gruppe schmücken. Die Kerze erinnert daran, dass wir Jesus als das „Licht der Welt" bezeichnen.

GUT ZU WISSEN
Symbol „Kerze"

Schon in der Frühzeit der Christenheit wurden zum Osterfest besondere Kerzen entzündet. Heute tragen Osterkerzen die Jahreszahl, das Kreuz, Wachsnägel als Symbol für die Wundmale Jesu und die griechischen Zeichen Alpha und Omega, als Zeichen für das Wort von Jesus Christus: „Ich bin das Alpha und das Omega, der Erste und der Letzte, der Anfang und das Ende." (Offenbarung des Johannes 22,13). Die Osterkerze erinnert auch an die Feuersäule, der die Israeliten beim Auszug aus Ägypten durch das Rote Meer folgten. Ähnlich wie die Israeliten der Feuersäule, folgen die Christen in der Osternacht der brennenden Kerze in die Kirche. Dabei steht der Ruf Lumen Christ dafür, das Tod und Finsternis dem Leben und dem Licht weichen müssen und diese Einzug in die Herzen der Gläubigen finden sollen. In katholischen Kirchen steht die Osterkerze während der Osterzeit im Altarraum. Erst nach Pfingsten bekommt sie einen Platz in der Taufkapelle. Auch in evangelischen Kirchen gibt es inzwischen häufig Osterkerzen. Diese brennen dort aber im Laufe des ganzen Kirchenjahres während des Gottesdienstes.

Eine Decke für unseren Tisch

Zu einem einladend gedeckten Tisch gehört eine Tischdecke ganz selbstverständlich dazu. Im Kindergartenalltag ist eine Stofftischdecke sicher nicht immer praktisch, aber zu besonderen Gelegenheiten bereichert sie den Rahmen der gemeinsamen Mahlzeiten ungemein. Eine selbst gestaltete Tischdecke macht dies ganz besonders!

Material
1 (oder mehrere) Stück(e) Baumwollstoff in Weiß (alternativ eine fertige Tischdecke); Metermaß; Stoffschere; Stecknadeln; Garn in Weiß; Nähmaschine; Maldecke; Malkittel; Kartoffeln, Äpfel und Birnen; scharfes Messer; Schneidebrett; Stoffmalfarben in Braun, Rot, Hell- und Dunkelgrün; dicke und dünne Borstenpinsel; Bügelbrett; Bügeleisen

Vorbereitung
Die Spielleitung bereitet eine oder mehrere Tischdecken zum späteren Gestalten vor. Dazu nimmt sie an den Tischen Maß und schneidet, mit einer Nahtzugabe, passende Stoffstücke zurecht. Diese säumt sie mithilfe der Nähmaschine. Bei imprägnierten Stoffen wäscht und bügelt sie die genähten Decken, bevor diese von den Kindern bedruckt werden. Sie bereitet den Maltisch mit einer entsprechenden Tischdecke und den Materialien für den Stoffdruck vor.

Ablauf
Die Kinder ziehen sich Malkittel an. Sie setzen sich rund um den Maltisch. Dort halbieren sie, mit Unterstützung der Spielleitung, die Kartoffeln und das Obst. Dabei schneiden sie die Früchte von oben nach unten durch. Die Schnittflächen werden farblich passend dünn mit Stoffmalfarbe bestrichen. Dazu verwenden die Kinder die dicken Borstenpinsel. Die farbigen Flächen drucken sie auf dem Stoff der Decke ab. Mithilfe der dünnen Borstenpinsel malen die Kinder noch Details an ihre Früchte, wie Blätter und Stiele. Sobald die Farbe getrocknet ist, wird sie von der Spielleitung mit dem Bügeleisen fixiert. Die Angaben zur jeweils richtigen Fixierung ist auf den Stoffmalfarben vom Hersteller angegeben. Fertig ist eine ganz individuelle Tischdecke für den festlich gedeckten Tisch!

Variante
Wer kein Obst und Gemüse verwenden möchte, kann stattdessen auch mit vorgefertigten Stempeln aus dem Bastelbedarf drucken oder die Decke von den Kindern frei bemalen lassen. So können zu bestimmten Anlässen im christlichen Jahreskreis passende Tischdecken gestaltet werden.

Ganz besondere Steine

Kinder sind Jäger und Sammler. Kaum ein Spaziergang vergeht, ohne das nicht der eine oder andere Schatz entdeckt wird und in den Taschen der Kinder verschwindet. Insbesondere Steine sind gern gefundene Schätze.

Material
1 Korb mit größeren Kieselsteinen; Maldecke; Malkittel; Acrylfarben; Teller; dünne Borstenpinsel; alte Tücher

Vorbereitung
Die Spielleitung legt eine Maldecke auf den Tisch und stellt den Korb mit den Steinen in die Mitte. Zudem stellt sie die Teller für die Farben, Pinsel und alte Tücher zum Säubern der Pinsel bereit.

Ablauf
Die Kinder ziehen sich Malkittel an und setzen sich rund um den vorbereiteten Tisch. Die Spielleitung bespricht mit den Kindern das geplante Angebot. Die Steine sollen bemalt werden und später bei gemeinsamen Tischgebeten zum Einsatz kommen. Die Kinder betrachten zunächst die Steine und wählen dann einen davon aus. Diesen gestaltet jedes Kind ganz individuell mit Acrylfarbe. Die Steine können auch mit christlichen Symbolen, etwa mit Fischen, Kreuzen, einer Kirche oder Ähnlichem bemalt werden. Hier bietet es sich für die Kinder anderer Glaubensrichtungen an, Symbole ihres Glaubens zu verwenden. Konfessionslose Kinder bemalen ihren Stein ganz frei. Die fertigen Kunstwerke werden bei gemeinsamen Mahlzeiten als Ergänzung des Gebetes eingesetzt. Ein Angebot dazu gibt es auf Seite 49.

HINWEIS
Die Kinder können auch eigene Steine zum Angebot mitbringen und anmalen. Vielleicht tauschen sie diese auch vor dem Bemalen untereinander. So bekommen die gestalteten Steine eine noch größere Wertigkeit.

GUT ZU WISSEN
Symbol „Stein"

Steine haben seit jeher eine starke Symbolkraft in vielen Kulturen. Sie stehen für Stabilität und Beständigkeit. Gräber und Kultstätten wurden und werden mit Steinen geschmückt. Ein bekanntes Beispiel dafür ist Stonehenge. Im Christentum tauchen Steine in vielen biblischen Erzählungen auf. So werden die Gesetzestafeln vom Berg Sinai als in Stein gehauen beschrieben. Jesus bezeichnete Petrus als den Felsen, auf dem er seine Kirche errichten möchte (Matthäus 16,18).

Lauter „leckere" Dinge aus Salzteig

Selbst gestaltete Lebensmittel aus Salzteig laden ein zum Nachdenken über Lebensmittel und deren Wertigkeit. Zudem machen sie ein schönes haptisches Erleben beim gemeinsamen Gebet möglich und schmücken den Esstisch.

Material
1 Brot sowie Obst und Gemüse als Anschauungsmaterial in einem Korb; 1 Tuch; Malkittel; Knetunterlage; 1 Tablett.
Salzteig-Zutaten: 1 Tasse Mehl, 1 Tasse Salz, 1 Tasse Wasser, 1 Teelöffel Öl. 1 große Schüssel; Lebensmittelfarben und je 1 kleine Schale pro Farbe; Backblech; Backpapier

Vorbereitung
Die Spielleitung bereitet den Tisch vor. Sie stellt einen Korb mit Brot, Obst und Gemüse in die Mitte des Tisches. Den Korb deckt sie mit einem Tuch ab. Die Malkittel und die Knetunterlagen liegen in Griffweite. Die Zutaten für den Salzteig stehen auf einem Tablett bereit.

Ablauf
Die Kinder setzen sich gemeinsam mit der Spielleitung um den Tisch und betrachten den Korb. Was mag sich wohl unter dem Tuch befinden? Die Kinder überlegen gemeinsam. Danach nimmt ein Kind das Tuch vom Korb. Die Lebensmittel werden aus dem Korb genommen, benannt und besprochen:

Wissen die Kinder, wie und woraus ein Brot zubereitet wird?
Haben sie schon einmal gebacken?
Kennen sie das Brot vom Abendmahl in der Kirche? (s. GUT ZU WISSEN, Seite 75)
Welche Dinge liegen noch im Korb?
Was ist Obst und was Gemüse?
Wo wachsen diese Sachen?
Kennen die Kinder das Erntedankfest, an dem in der Kirche Gott für die gute Ernte gedankt wird?

Im Anschluss daran ziehen die Kinder die Malkittel an. Sie geben Mehl, Salz, Wasser und Öl in die große Schüssel und kneten aus diesen Zutaten einen Teig. Der fertige Teig wird in kleine Portionen aufgeteilt und mit Lebensmittelfarben in kleinen Schalen eingefärbt. Aus den farbigen Teigen formen die Kinder Brot, Obst und Gemüse. Die fertigen Salzteig-Stücke trocknen einen Tag lang auf einem Backblech mit Backpapier durch. Abschließend werden sie im vorgeheizten Ofen bei etwa 50° C ein bis zwei Stunden lang gebacken.

Variante
Statt den Teig mit Lebensmittelfarbe zu färben, können die getrockneten Salzteig-Stücke auch mit Acrylfarben bemalt werden.

Dinkelbrot

Brot ist als wichtigstes Grundnahrungsmittel für die meisten Kinder jeden Tag in ihrer Butterbrotdose präsent!

Zutaten

450 g Dinkelvollkornmehl; 1 Würfel Hefe; 1 TL brauner Zucker; 1 Teelöffel Salz; 3 EL neutrales Speiseöl; 250 ml lauwarmes Wasser. **Arbeitsgeräte**: *Schürze; Küchenwaage; Litermaß; Rührschüssel; Handrührgerät mit Knethaken; sauberes Geschirrtuch; Backblech; Backpapier; Kuchenrost*

Zubereitung

Die Kinder waschen ihre Hände und binden die Schürzen um. Mit Unterstützung der Spielleitung messen sie die Zutaten für den Teig ab. Sie füllen das Dinkelmehl in die Rührschüssel und bröckeln die Hefe in kleine Stücke. Diese mengen sie zusammen mit den übrigen Zutaten unter das Mehl. Die Kinder verrühren alle Zutaten vorsichtig miteinander. Dazu benutzen sie das Handrührgerät mit den Knethaken, erst auf niedriger, dann auf höchster Stufe, bis ein glatter Teig entstanden ist. Den Teig decken sie mit einem Tuch ab und lassen diesen an einem warmen Ort gehen, bis er aufgegangen ist. Aus dem Teig formen die Kinder auf einer bemehlten Arbeitsfläche einen Teigling für ein Brot. Sie legen ein Backblech mit Backpapier aus und legen den Teigling darauf. Den Teigling lassen sie erneut an einem warmen Ort aufgehen.

Die Spielleitung hilft den Kindern dabei, das Backblech mit dem Teigling in den Backofen zu schieben. Dort wird er bei 180 °C (Heißluft) etwa 45 Minuten lang gebacken.

Das fertige Brot legt die Spielleitung zum Auskühlen auf ein Kuchenrost.

HINWEIS
Das Angebot passt thematisch gut zu Gebeten in der Osterzeit (s. S. 27, 31).

GUT ZU WISSEN
Symbol „Brot"

Brot gehört ganz selbstverständlich zu unserem täglichen Essen mit dazu, es ist aber auch ein wichtiges Symbol für das Leben. Beim Abendmahl in der Kirche werden Brot und Wein als Zeichen für den Leib und das Blut Jesu an die Gläubigen verteilt. Kleine Stücke von selbst gebackenem Brot und Traubensaft können vor dem Essen mit den Kindern in einer kleinen Agapefeier (Liebesmahlfeier) gegessen und getrunken werden. Damit wird an das letzte Abendmahl erinnert, das Jesus am Abend vor seinem Tod mit seinen Freunden, den Jüngern, gefeiert hat.

Anhang

Register

Wie betest du denn?

Baklava bei Tuana	12
Ein Mittagessen bei Emilia	13
Ein Sabbatessen bei Jakob	14
Eine Puja bei Arun	10
Max und Arun	8

Gebete

Alle gemeinsam, rund um den Tisch	20
Alle Kinder dieser Welt	19
Auf unserer Erde wachsen viele leckere Sachen	28
Danke für alle guten Gaben	23
Das Warten hat ein Ende	21
Der Ostertisch	27
Du bist es, von dem wir alles haben	22
Ein Geburtstagsgebet	24
Gemeinsam wollen wir gehen und stehen	22
Hab' Dank für Speis' und Trank	23
Heute geht es bei uns rund!	26
Jesus lädt alle an seinen Tisch	26
Lieber Gott, ich bitte dich	21
Mein Teller ist nun leer	28
Nach dem Essen	28
Schon ist wieder Essenszeit	21
Teilen wie Sankt Martin	29
Unser Tisch ist reich gedeckt	19
Viel Glück zum Geburtstag!	25
Wir alle leben von dir	27

Fingerspielgebete

Alle sind satt	35
Das Essen ist toll!	31
Der kleine Apfelbaum	32
Eine Schale voller Äpfel	33
Fünf hungrige Finger	31
Heute feiern wir Nikolaustag	34
Osterei und Hefezopf	31
Vom Feld auf den Tisch	34

Gebete in Bewegung

Auf unserem Adventskranz	43
Ki-Ka-Kuchen	43
Leckere Spaghetti	40
Mir knurrt ganz laut der Bauch!	37
Obstsalat	41
Pizza backen	37
Suppen- Rap	42
Was Gott alles kann	38
Wir wollen unseren Tisch decken	39

Stilleübungen

Atem holen	45
Beim Licht der Kerze	46
Bunt wie ein Regenbogen	52
Danke für das Brot	54
Das kleine Weizenkorn	50
Das warme Licht der Sonne	47
Der Wunsch-Stein	49
Ein Schiff voller Getreide	60
Eine besondere Schale	48
Liebe Maria!	55
Mit Freunden am Tisch	56
Rund um unseren Tisch	57
Und alle werden satt	58

Rund um das Gebet

Die goldene Schale	68
Dinkelbrot	75
Ein Fisch für unseren Tisch	66
Eine besondere Kerze für den Tisch	70
Eine Decke für unseren Tisch	72
Ganz besondere Steine	73
Lauter „leckere" Dinge aus Salzteig	74
Mein Gebetbuch	64
Unser Gebetswürfel	63

Vorlage
„Unser Gebetswürfel", Seite 63

Die Autorin

Alexandra Reichenberg, Jahrgang 1973, ist Erzieherin und pädagogische Kunsttherapeutin. Aufgewachsen in einem katholisch geprägten Elternhaus, arbeitete sie lange Jahre im Kindergarten- und Hortbereich konfessioneller Einrichtungen. Seit 2008 ist Alexandra Reichenberg freiberuflich als Autorin mit den Schwerpunkten Kunst, Sprache und Religion sowie im kunstpädagogischen Bereich tätig. Sie ist verheiratet, hat ein Kind und lebt und arbeitet in Würselen bei Aachen.

Jeden Tag wachsen

Bela Bingel, Daniela Both

WAS GLAUBST DU DENN?
Eine spielerische Erlebnisreise für Kinder durch die Welt der Religionen

ISBN 978-3-86702-346-7

Josephine Kronfli
Pit Budde

FLIEGENDE FEDER
Indianische Kultur in Spielen, Liedern, Tänzen und Geschichten

ISBN (Buch inkl. CD und Bastelbogen)
978-3-86702-179-1

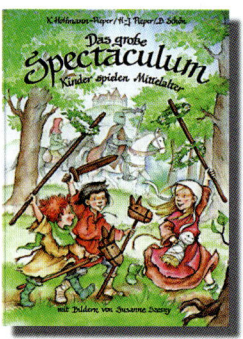

Kristina Hoffmann-Pieper
Hans Jürgen Pieper
Bernhard Schön

DAS GROSSE SPECTACULUM
Kinder spielen Mittelalter

ISBN 978-3-86702-178-4

Susanne Steffe
Hartmut E. Höfele

MIT 80 KINDERN UM DIE WELT
So leben Kinder anderswo: Bunte Geschichten, Lieder und Spielaktionen

ISBN (Buch inkl. CD) 978-3-86702-217-0

Sybille Günther

RITTERBURG & KÖNIGSSCHLOSS
Kinder spielen Ritter, Knappe, Burgfräulein, Prinz und Prinzessin

ISBN (Buch) 978-3-86702-046-6
ISBN (CD) 978-3-86702-047-3

Mathilda F. Hohberger

BRASILIEN BEWEGT UNS
mit Rhythmen, Liedern, Spielen, Tänzen, Festen & Fußballtricks

ISBN (Buch) 978-3-86702-226-2
ISBN (CD) 978-3-86702-227-9

Bernhard Schön

WILD UND VERWEGEN ÜBERS MEER
Kinder spielen Seefahrer und Piraten

ISBN (Buch inkl. CD) 978-3-86702-163-0

Gudrun Schreiber, Peter Heilmann
Pit Budde, Josephine Kronfli

KARIBUNI WATOTO
Spielend Afrika entdecken

ISBN (Buch inkl. CD) 978-3-86702-282-8

Bleiben Sie in Kontakt

www.oekotopia-verlag.de

FÜR NASCHKATZEN

SÜSS-EXPRESS

APFEL-PFANNKUCHEN

1. Weizen- und Sojamehl in eine Schüssel sieben und mit 50 Gramm Zucker, Sojamilch, Albaöl, 2 Esslöffel Rapsöl, Salz und Vanillemark zu einer homogenen Masse verrühren. Apfel waschen, vom Kerngehäuse befreien und reiben. Mit den Pistazien unter den Pfannkuchenteig mischen.

2. Restliches Rapsöl in einer beschichteten Pfanne erhitzen und den Teig darin portionsweise zu 6 Pfannkuchen ausbacken. Dabei nach Belieben noch mit Apfelscheiben belegen. Zimt, restlichen Zucker, Cayennepfeffer und gemahlenen Ingwer mischen und zu den Pfannkuchen reichen.

DAS BILD ZUM REZEPT FINDET IHR AUF SEITE 114.

6 PORTIONEN

250 g Weizenmehl
4 TL Sojamehl
150 g Rohrohrzucker
400 ml Sojamilch
2 EL Albaöl
3 EL Rapsöl
1 Prise Meersalz
Mark von ½ Vanilleschote
1 Apfel
40 g gehackte Pistazien
1 TL gemahlener Zimt
1 Messerspitze Cayennepfeffer
1 Messerspitze gemahlener Ingwer

Zubereitungszeit: 15 Minuten

Mein Tipp

Albaöl habe ich 2010 zum ersten Mal kennengelernt. Der intensive Buttergeschmack hat mich auf der Stelle umgehauen. Spritzer davon zu Bratkartoffeln, Buttergemüse oder Saucen zaubern ein Lächeln ins Gesicht. Der hohe Anschaffungspreis sollte nicht abschrecken, da dieses Öl nur gering dosiert genutzt wird und somit sehr ergiebig ist.

HIRSEPUDDING
MIT GEPFEFFERTEN SAUERKIRSCHEN

6 PORTIONEN

400 ml Haferdrink Vanille
Saft und Zesten von
1 Bio-Orange
1 Prise Meersalz
80 g Rohrohrzucker
200 g Hirse
50 g vegane Margarine
Fett und Rohrohrzucker
für die Förmchen
1 Glas Sauerkirschen
(350 g Abtropfgewicht)
1 EL Speisestärke
1 Prise weißer Pfeffer
aus der Mühle

Zubereitungszeit: 20 Minuten +
30 Minuten Kühlzeit

1. Haferdrink mit Orangensaft und -zesten sowie Salz und Zucker aufkochen. Hirse dazugeben, nochmals aufkochen und etwa 5 Minuten köcheln lassen, bis die Hirse al dente ist. Vom Herd ziehen und quellen lassen.

2. Die Margarine unterheben und die Hirse auflockern. Den Pudding in gefettete und gezuckerte Förmchen geben. Kühl stellen.

3. Kirschen in einem Sieb abtropfen lassen, dabei den Saft auffangen. ¾ des Safts in einem Topf zum Kochen bringen und mit etwas Zucker abschmecken. Die Stärke mit dem restlichen Saft vermischen und unter ständigem Rühren in den kochenden Kirschsaft geben. Mit Pfeffer würzen und zum Schluss die Kirschen zum gebundenen Saft hinzufügen. Die gepfefferten Sauerkirschen zum Hirsepudding reichen.

DAS BILD ZUM REZEPT FINDET IHR AUF SEITE 115.

Mein Tipp

Hirse wird von vielen Menschen als Vogelfutter abgetan, obwohl dieses Getreide eine extrem positive Wirkung auf den menschlichen Körper hat. Hirse ist reich an Eisen und Magnesium und enthält kein Gluten. Daher ist sie auch so gut verträglich.

BIRNEN-STREUSEL-MUFFINS

1. Zucker, Mehl und Margarine mit einer Küchenmaschine zu Streuseln verarbeiten.

2. Birnen waschen, vom Kerngehäuse befreien, in grobe Würfel schneiden und mit Zitronensaft beträufeln. Haselnüsse mit Marzipan, Zimt und Vanillemark vermischen und zu den Birnenwürfeln geben.

3. Eine Muffin-Backform einfetten und den Blätterteig auf die Mulden zuschneiden. Den Teig in die Mulden drücken. Die Birnenmischung einfüllen und die Streusel darauf verteilen. Bei 160 °C auf der mittleren Schiene im Ofen 15 bis 17 Minuten goldgelb backen.

Mein Tipp

Die Füllung könnt ihr je nach Saison und verfügbaren Früchten ändern. Sehr weiches Obst solltet ihr mit etwas Stärke binden, damit der Muffin nicht wegfließt. Zum Einfetten der Muffinform nehme ich sehr gern Trenn- bzw. Sprühfett. Dies setzt sich als feiner Nebel auf das Backblech und verfettet den Muffin nicht.

12 MUFFINS

150 g Rohrohrzucker
150 g Mehl
150 g vegane Margarine
2 Birnen
Saft von ½ Zitrone
80 g gehackte Haselnüsse
50 g Marzipanrohmasse
1 gestrichener TL gemahlener Zimt
Mark von ½ Vanilleschote
Fett für die Form
350 g Blätterteig

Zubereitungszeit: 15 Minuten + 17 Minuten Backzeit

FRENCH TOAST
MIT MANDELN UND ERDBEEREN

1. Erdbeeren waschen und putzen. Die Hälfte der Erdbeeren fein pürieren, die andere Hälfte in grobe Stücke schneiden. Die Stücke mit 50 Gramm Rohrohrzucker und dem Vanillemark vermengen.

2. Baguette in Scheiben schneiden. Mandelstifte, restlichen Rohrohrzucker, Mehl, Salz und Mandelmilch zu einer dickflüssigen Masse verarbeiten. Die Baguettescheiben durch die Masse ziehen und abtropfen lassen. Das Öl in einer Pfanne auf 160 °C erhitzen und die Brotscheiben darin ausbacken.

3. Das Erdbeerpüree als Spiegel auf Tellern verteilen. Den Toast daraufsetzen und die Erdbeerstücke anlegen. Basilikum waschen und trockenschütteln. Die Blätter abzupfen und mit dem Ahornsirup über den Toast geben.

6 PORTIONEN

500 g Erdbeeren
150 g Rohrohrzucker
Mark von 1 Vanilleschote
1 Baguette vom Vortag
60 g Mandelstifte
50 g Weizenmehl
Meersalz
250 g Mandelmilch
100 ml Öl zum Ausbacken
1 Stängel Basilikum
20 ml Ahornsirup

Zubereitungszeit: 25 Minuten

Mein Tipp

Eier können in solchen Rezepten immer durch Mehl und Stärke ausgetauscht werden, da es um die Bindung geht. Der Ahornsirup gibt dem Gericht einen schönen Touch von Karamell.

HASELNUSS-PANNACOTTA MIT GRAND-MARNIER-BLAUBEEREN

6 PORTIONEN

Fett für die Schälchen
600 ml Haselnussdrink
4 g Agar-Agar
70 ml Agavendicksaft
1 Prise Meersalz
2 TL Speisestärke
250 g Blaubeeren
4 cl Grand Marnier

Zubereitungszeit: 15 Minuten + 1 Stunde Kühlzeit

1. Dessertschälchen einfetten. 500 Milliliter Haselnussdrink mit Agar-Agar, 40 Milliliter Agavendicksaft und Salz verrühren und in einem Topf langsam zum Kochen bringen. Die Speisestärke mit dem restlichen Haselnussdrink vermischen und unter ständigem Rühren in den Topf geben. Aufkochen, in die Dessertschälchen füllen und 1 Stunde abkühlen lassen.

2. Blaubeeren waschen und abtropfen lassen. Mit dem restlichen Agavendicksaft und dem Grand Marnier vermischen und auf die Haselnuss-Pannacotta geben.

Mein Tipp

Für die Deko der Haselnuss-Pannacotta eignen sich gehobelte Haselnüsse und/oder Vanillepopcorn (Rezept siehe S. 26).

KOKOS-MILCHNUDELN
MIT EXOTEN

1. Chilischote entkernen. 250 Milliliter Kokosmilch in einen Topf geben und mit Chili, Limettenzesten, Zitronengras und Palmzucker zum Kochen bringen.

2. In der Zwischenzeit die Früchte schälen, in mundgerechte Stücke schneiden und mit Limettensaft beträufeln. Minze waschen und trockenschütteln. Die Blätter abzupfen und mit den Früchten vermengen.

3. Die Stärke in die restliche Kokosmilch einrühren, in die kochende Kokosmilch geben und alles einmal aufkochen lassen. Zitronengras und Chilischote entfernen. Die Nudeln unterrühren und die Früchte darübergeben.

Mein Tipp

Dieses Dessert kenne ich noch aus meiner Kindheit und habe es gerade in meiner Jugend zu schätzen gelernt. Wer kennt nicht das Problem der übrig gebliebenen Nudeln vom Mittagessen!? Und bevor diese im Müll landen, bietet sich mit diesem Rezept eine tolle Verwendung.

6 PORTIONEN

½ Chilischote
600 ml Kokosmilch
Zesten und Saft von ½ Bio-Limette
¼ Stiel Zitronengras
100 g Kokos-Palmzucker
¼ Ananas
¼ Honigmelone
¼ Papaya
¼ Bund Minze
1 TL Speisestärke
300 g gekochte Nudeln

Zubereitungszeit: 20 Minuten

LIMETTEN-KOKOS-TRAUM

1. Kokosfett in einem Topf leicht erwärmen. Datteln entkernen und in einer Küchenmaschine fein pürieren. Mit dem Salz und den Kokosflocken zum Fett geben. Eine Kuchenform (19 cm Ø) mit Backpapier auslegen und die Kokos-Dattel-Mischung darin verteilen. Leicht andrücken.

2. Sahne in einer Küchenmaschine aufschlagen. In der Zwischenzeit eine Pfanne ohne Öl erhitzen und die Mandelblättchen darin goldbraun rösten. Mit einem scharfen Hobel feine Zesten von den Limetten ziehen und die Limetten anschließend auspressen. Den Saft unter die geschlagene Sahne heben und diese auf dem Kokos-Dattel-Boden verteilen.

3. Limettenzesten und Mandelblättchen über die Torte streuen. Alternativ kann die Torte statt mit Mandelblättchen auch mit einer Limettenscheibe und Dattelhälften garniert werden. Den Limetten-Kokos-Traum mindestens 2 Stunden, am besten aber über Nacht im Kühlschrank aushärten lassen.

12 PORTIONEN

50 g Kokosfett
100 g frische Datteln
1 Prise Meersalz
200 g Kokosflocken
200 ml gesüßte Schlagsahne
100 g Mandelblättchen
2 Bio-Limetten

Zubereitungszeit: 20 Minuten + 2 Stunden Kühlzeit

Mein Tipp

Ofen kaputt und trotzdem Lust auf Kuchen? Kein Problem mit diesem Rezept. Ihr könnt es in Rohkostqualität zubereiten, indem ihr die Sahne durch Cashewcreme ersetzt. Dafür 250 Gramm Cashewnüsse über Nacht in Wasser einweichen und dann mit Datteln, Vanille, Zitrone, Kokosfett und Minze zu einer Creme verarbeiten. Das Kokosfett härtet im Kühlschrank aus, die Creme wird schnittfest.

MANDEL-SCHMARRN

1. Sojamehl mit 4 Esslöffel Wasser, Zucker, Salz und Vanillezucker schaumig schlagen. Mandelmilch, 2 Esslöffel Öl, Mehl und Backpulver hinzugeben und alles gut vermischen. 15 Minuten quellen lassen.

2. Eine Pfanne mit dem restlichen Öl erhitzen und den Teig portionsweise von beiden Seiten goldgelb backen. Anschließend mit dem Pfannenwender in Stücke rupfen. Mit Puderzucker bestäuben und bei 200 °C 3 Minuten im Ofen backen. Noch warm servieren. Nach Wunsch mit gerösteten Mandelstiften garnieren.

4 PORTIONEN

4 TL Sojamehl
30 g Rohrohrzucker
1 Prise Meersalz
1 Päckchen Vanillezucker
375 ml Mandelmilch
6 EL Rapsöl
125 g Mehl
1 Päckchen Backpulver
Puderzucker zum Bestäuben

Zubereitungszeit: 20 Minuten

Mein Tipp

Dazu passt ein Preiselbeerdip oder Marmelade. Ihr habt im Frühjahr oder Sommer viel Obst übrig? Dann weckt es doch einfach nach Belieben ein. So könnt ihr mit Gewürzen experimentieren und eure ganz persönlichen Kreationen schaffen. Vegane Bindung bekommt ihr über Pektin oder Gelierzucker.

Schokomousse mit Beeren

1. 70 Gramm Kuvertüre über dem heißen Wasserbad schmelzen. Restliche Kuvertüre fein hacken. Sobald die Kuvertüre geschmolzen ist, vom Wasserbad nehmen und die fein gehackte Schokolade unterrühren. So lange rühren, bis sich die Schokolade vollständig aufgelöst hat.

2. In einem Topf die Hafersahne leicht erwärmen. Mit einem Stabmixer die Kuvertüre in die Hafersahne einarbeiten.

3. Schlagsahne aufschlagen und die Kuvertüre-Sahne-Mischung unterheben. Die Schokomousse für etwa 2 Stunden in den Kühlschrank stellen.

4. In der Zwischenzeit die Beeren waschen und vorsichtig trockentupfen. Zucker in einen Topf geben und bei mittlerer Hitze karamellisieren lassen. Die Hälfte der Beeren dazugeben und einköcheln lassen. Die Mischung durch ein Sieb passieren und anschließend die restlichen Beeren unterheben. Schokomousse und Beeren auf Tellern anrichten und servieren.

4 PORTIONEN

- 100 g dunkle Kuvertüre (75 % Kakao)
- 100 ml Hafersahne
- 200 ml gesüßte Schlagsahne (Schlagfix)
- 200 g frische gemischte Beeren, z. B. Himbeeren, Brombeeren, rote Johannisbeeren und/oder Blaubeeren
- 2 EL Rohrohrzucker

Zubereitungszeit: 15 Minuten + ca. 2 Stunden Kühlzeit

Mein Tipp

Ein Klassiker in der Küche, der nichts von seinem Charme verloren hat. Ich liebe die Mousse herb und weniger süß. Daher ist für mich wichtig, dass der Kakaoanteil sehr hoch ist. Die Süße aber auch Schärfe könnt ihr über das Obst steuern – z. B. mit gepfefferten Kirschen.

RUND UMS KOCHEN

ANHANG

VORRATSHALTUNG

TROCKENE VORRÄTE

Mehl, Rohrohrzucker, Grieß, Nudeln, Reis, Hefeflocken, Stärke etc.
Diese Vorräte immer in eine verschließbare Dose umfüllen, da sich oft kleine Mehlmotten oder anderes Ungeziefer in den Verpackungen verstecken können. Auch rate ich zu einer lichtundurchlässigen Verpackung, um die Qualität und das Aroma zu schützen.

KONSERVEN

Tomatensauce, geschälte Tomaten, Mangopüree, Kichererbsen, Kokosmilch, Sauerkraut, Kidneybohnen etc.
Gerade außerhalb der Saison empfehle ich den Griff zur Konserve, da die Rohstoffe bei voller Reife geerntet und konserviert werden. Insbesondere Tomaten aus der Dose sind im Winter unschlagbar für eine geschmackvolle Suppe. Einmal angebrochen sollten die Konserven aus Dosen umgefüllt werden, da das Metall zu korrodieren beginnt.

KRÄUTER

Dill, Kresse, Estragon, Thymian, Rosmarin, Schnittlauch, Petersilie etc.
Frische Kräuter halten sich 2 bis 7 Tage länger, wenn sie in einem feuchten Küchenpapier eingerollt und im geschlossenen Gefrierbeutel im Kühlschrank gelagert werden.

GEWÜRZE

Getrockneter Thymian, Pfeffer, getrockneter Salbei, Muskatnuss, Paprikapulver, getrockneter Oregano, getrocknete Petersilie etc.
Für mich ist die Qualität von frisch geernteten Kräutern unschlagbar, aber mir ist auch bewusst, dass nicht jeder Zugang zu diesen hat. Daher empfehle ich, schonend getrocknete Kräuter in kleinen Mengen zu kaufen, da sie an Geschmack und Wirkung verlieren, je älter sie werden. Gewürze wie z. B. Pfeffer, Muskatnuss und Kümmel immer frisch mahlen oder reiben, um den vollen Geschmack zu erhalten. Manche Gewürze entfalten ein besseres Aroma, wenn man sie vor der Verwendung erwärmt oder leicht röstet.

GEMÜSE

Tomaten, Paprikaschoten, Pastinaken, Kartoffeln, Zwiebeln, Zucchini, Auberginen, Karotten, Lauch etc.
Von wenigen Ausnahmen abgesehen sollte frisches Gemüse im Gemüsefach des Kühlschranks gelagert werden. Bei Kohlrabi, Karotten und Radieschen immer das Grün entfernen, da dieses das Wasser und die Kraft aus der Knolle zieht.
Unter 8 °C: Artischocken, Blattsalate, Blumen-

kohl, Brokkoli, Erbsen, Knoblauch, Kohl, Rosenkohl, Rüben, Radieschen
Über 12 °C: Auberginen, Gurken, Bohnen, Kürbis, Okraschoten, Zucchini, Tomaten, Paprikaschoten
Über 12 °C und dunkel: Kartoffeln, Zwiebeln, Pastinaken, Topinambur (Wurzeln und Knollen)

OBST

Äpfel, Orangen, Ananas, Kiwis, Bananen, Blaubeeren, Mangos etc.
Vitamine sind empfindlich, sie vertragen weder Hitze noch Licht noch Sauerstoff. Die meisten der exotischen wasserhaltigen Früchte vertragen auch die Kälte des Kühlschranks nicht. Bananen werden darin braun – außer in einem Beutel gelagert –, und Zitrusfrüchte verlieren an Aroma.
Unter 8 °C: Ananas, Bananen, Granatäpfel, Guaven, Mangos, Melonen
Über 12 °C: Äpfel, Aprikosen, Beerenobst, Birnen, Feigen, Kirschen, Kiwis, Weintrauben, Pfirsiche

SALATE

Feldsalat, Endiviensalat, Chicorée, Eissalat, Radicchio etc.
Beim Kauf ist darauf zu achten, dass im Idealfall die Wurzel vorhanden oder aber die Schnittfläche möglichst weiß ist. Eine knackige Wurzel ist der Garant für absolute Frische. Salate halten sich besonders lang im Kühlschrank, wenn sie luftdicht verschlossen und trocken gelagert werden. Nach dem Waschen empfehle ich, den Salat vorsichtig zu schleudern, um das überschüssige Wasser zu entfernen, das jeden Geschmack verwässern würde.

TIEFKÜHLPRODUKTE

Erbsen, Spinat, Mischgemüse, Spargel, Blätterteig, Obst etc.

AM BESTEN IST ES, ALLE ZUTATEN IMMER FRISCH EINZUKAUFEN. DOCH MIT DER RICHTIGEN LAGERUNG HALTEN SICH AUCH OBST UND GEMÜSE LANGE IM KÜHLSCHRANK ODER IN DER SCHALE UND VERLIEREN KAUM VITAMINE.

Tiefkühlprodukte sind besser, als ihr Ruf vermuten lässt. Mit neuen Methoden werden die erntefrischen Produkte schockgefroren. Der große Vorteil dieser Methode ist, dass bei wasserhaltigen Rohstoffen keine großen Eiskristalle entstehen und somit die Struktur dieser Rohstoffe fast vollständig erhalten bleibt. Auch ist somit ein Maximum an Nährstoffen und Vitaminen gegeben.

WARENKUNDE

Zu Beginn meiner veganen Kochkarriere lernte ich sehr viele neue Produkte kennen, ohne etwas über deren Verarbeitung zu wissen. Also habe ich viel experimentiert und gelesen. Seither schätze ich die vielfältigen Einsatzmöglichkeiten!

AGAR-AGAR

Agar-Agar wird aus Algen gewonnen und kann als Bindemittel wie Gelatine benutzt werden. Während Gelatine aber auch kalt verarbeitet werden kann, muss Agar-Agar immer kurz kochen, um eine Bindung aufzubauen. Ideal für Süßspeisen, Fruchtgelees und Tortenguss.

ALBAÖL

Dieses Rapsöl hat einen so intensiven Buttergeschmack, dass es im Verhältnis 1:3 mit neutralem Rapsöl gestreckt werden sollte. So lässt es sich auch besser dosieren. Das Öl ist ideal zum Kochen und Braten, da es hoch erhitzbar ist. Es aromatisiert Gebäck, Suppen und Saucen.

AVOCADO

Die Avocado wird aufgrund ihres hohen Fettgehalts auch als Fettfrucht bezeichnet. Ich schätze die Vielseitigkeit dieser Frucht, denn sie kann deftig in einer Guacamole oder auch süß in einer Creme verarbeitet werden. Solltet ihr mal eine harte Avocado erwischt haben, diese einfach in Zeitungspapier wickeln und/oder zwischen Äpfeln lagern, damit sie schneller nachreift.

CHIASAMEN

Das Superfood stammt aus Mexiko und ist für seine vielen Nährstoffe und Vitamine, für seine Antioxidanzien und den hohen Eiweißgehalt bekannt. Ideal für Desserts und Shakes.

KOKOSBLÜTENZUCKER

Der Zucker wird aus dem Nektar der Kokospalme gewonnen. Er hat eine malzige Note und gleicht geschmacklich dem Rohrzucker.

KRÄUTERSEITLING

Der Pilz hat einen großen Fruchtkörper und kann deshalb dick aufgeschnitten werden. Durch seine feste Konsistenz hat er gebraten oder gegrillt und gut gewürzt einen Biss wie zartes Fleisch.

SALZ

Ich bin ein Fan von Himalaja-Salz, Ursalz und gutem Meersalz. Ich achte darauf, dass mein Salz

z. B. keine Rieselhilfe beinhaltet und auch kein Jod. Von industriellen Salzen lasst ihr am besten die Finger.

SOJAJOGHURT

Ideal im Müsli oder zum Kochen und Backen. Der hohe Eiweißanteil gerinnt bei 85 °C, der Joghurt stockt somit wie Quark oder Schmand. Beim Kauf ist darauf zu achten, dass für deftige Gerichte zuckerfreier Joghurt gekauft wird.

SZECHUANPFEFFER

Der Pfeffer stammt aus der chinesischen Region Szechuan. Das Besondere an ihm ist, dass er neben einer sehr angenehmen Schärfe eine zitronige Tendenz hat. So schmeckt er auch wunderbar in Desserts – am besten frisch gemahlen.

TOFU

Die Konsistenz und der milde Geschmack von Tofu setzen eine gute Marinade und Verarbeitung voraus, die gelernt sein will. Ich nutze Tofu gern für traditionell asiatische Gerichte oder auch als Grundlage für Tofurührei.

> **BEIM KOCHEN GIBT ES KEIN RICHTIG ODER FALSCH. WICHTIG IST EINE FRISCHE UND ABWECHSLUNGSREICHE ERNÄHRUNG. FANGT AN, AUF EUREN KÖRPER ZU HÖREN – ER SAGT EUCH, WAS EUCH GUTTUT!**

GARMETHODEN

KOCHEN
Garen in Flüssigkeit bei Temperaturen um 100 °C. Geeignet für Gemüse in Suppen und Eintöpfen sowie das Garkochen von Reis, Kartoffeln, Teigwaren, Getreide & Co. Vitaminverlust 55 bis 65 Prozent. Fettarm bis fettfrei.

GARZIEHEN
Garen in Flüssigkeit bei Temperaturen unterhalb des Siedepunkts bei 75 bis 95 °C. Geeignet für Klöße und Beilagen mit Biss. 50 bis 60 Prozent Vitaminverlust. Fettarm bis fettfrei.

DÄMPFEN UND DÜNSTEN
Garen in Wasserdampf bei Temperaturen um 100 °C. Geeignet für knackiges Gemüse, Kartoffeln, Spargel & Co. Nährstoffschonende Zubereitung durch minimale Garflüssigkeit. Vitaminverlust bei 15 bis 25 Prozent. Fettarm bis fettfrei.

SCHMOREN
Scharfes Anbraten und anschließendes Kochen in wenig Flüssigkeit. Geeignet für Fleischalternativen, gefülltes Gemüse, vegane Rouladen & Co. Durch das scharfe Anbraten vitamin- und nährstoffschonend. Vitaminverlust sieben bis zwölf Prozent. Fettarm.

RÖSTEN
Garen im Ofen und/oder in der Pfanne bei 140 bis 200 °C. Geeignet für Fleischalternativen, Gemüse, Kartoffeln & Co. 10 bis 50 Prozent Vitaminverlust. Fettarm – mehr oder weniger, je nach Zubereitungsart.

GRILLEN
Garen durch Strahlungs- oder Kontakthitze im Backofen oder auf dem Holzkohlen- bzw. Elektrogrill. Geeignet für Kartoffeln, Obst, Gemüse und Fleischalternativen. Vitaminverlust 10 bis 15 Prozent. Fettarm.

BACKEN
Garen in trockener Hitze bei Temperaturen um 120 bis 250 °C. Geeignet für Teige, Aufläufe, Kartoffeln & Co. Vitaminverlust 10 bis 15 Prozent. Fettarm.

BRATEN
Garen in heißem Öl bei 140 bis 190 °C. Geeignet für Fleischalternativen, Gemüse, Kartoffeln & Co. Vitaminverlust zwischen 10 und 15 Prozent. Je nach Zubereitungsart mehr oder weniger fettreich.

GEWUSST, WIE: OB DIE ZUTATEN IHRE VITAMINE SOWIE IHRE MINERAL- UND ANDEREN NÄHRSTOFFE ERHALTEN, HÄNGT GANZ ENTSCHEIDEND AUCH VON DER ART DER ZUBEREITUNG AB.

FRITTIEREN

Garen im Fettbad bei 160 bis 170 °C. Geeignet für Kartoffeln, Gemüse im Teigmantel, Obst & Co. Vitaminverlust zwischen 10 und 15 Prozent. Fettreich. Vorsicht ist geboten bei stark gerösteten Kartoffelgerichten wie Bratkartoffeln und French Fries aufgrund der Acrylamid-Problematik. Hier gilt die Faustregel: »vergolden, nicht verkohlen«!

DEHYDRIEREN UND SOUS-VIDE-GAREN

Unter Dehydrieren versteht man das sanfte Entziehen von Wasser durch Wärme – eine der schonendsten Garmethoden überhaupt. Rohstoffe, die unter 42 °C gedörrt werden, behalten ihre Rohkostqualität und somit das Maximum an Nährstoffen sowie essenziellen Aminosäuren. Das Sous-vide-Garen ist ein Niedrigtemperaturgarverfahren im Vakuum über mehrere Stunden bis hin zu mehreren Tagen. So lässt sich auch Gemüse ausgesprochen schonend im eigenen Saft garen.

REGISTER
REZEPTE & ZUTATEN

Rezeptregister

Algensalat 51
Ananas-Kokos-Shake mit Koriander und Chili 34
Apfelpfannkuchen 116

Birnen-Streusel-Muffins 118
Blätterteigschnecken mit Tofu und Zwiebeln 77
Blumenkohl, orientalischer 103
Bohneneintopf 65
Bruschetta italiana 19
Bulgur-Brokkoli-Salat 53

Carpaccio vom Kräuterseitling 46
Cayenne-Vanille-Popcorn 26

Erdapfel-Cremesuppe 57

Fast Taste of Asia 70
Fitness-Sprossensalat 39
French Toast mit Mandeln und Erdbeeren 120

Gemüse, geflammtes, mit asiatischer Sauce 112
Gemüsechips 26
Gemüsenudeln mit Arrabbiata-Pesto 16
Green-Energy-Smoothie 30
Grünkohl-Chili-Suppe, kichernde 56
Gurkenkaltschale 68

Haselnuss-Pannacotta mit Grand-Marnier-Blaubeeren 123
Haselnuss-Shake mit Kokosblütenzucker 34
Heidelbeer-Mandel-Shake 35
Hirsepudding mit gepfefferten Sauerkirschen 117
Hummus mit Minze 25

Karotten mit gepopptem Wildreis 43
Kartoffelpizza Elsässer Art 80
Kichererbsen-Tofu-Eintopf 100
Kokos-Milchnudeln mit Exoten 124
Kürbis, gebackener, mit Couscous 84
Kürbispuffer mit Champignon-Rahmsauce 97

Leinsamen-Erdbeer-Smoothie 31
Limetten-Kokos-Traum 126
Linsensuppe mit Ananas 66

Makkaroni-Auflauf 90
Mandel-Schmarrn 128
Miss-Coco-Smoothie 30
Muffins 92, 118

Nachos mit Avocadodip 20

Ofengemüse mit Joghurt-Gurken-Dressing 78

Pakora-Muffins 92
Papaya-Karotten-Shake 35
Peters Hack 28
Pilztopf mit Avocado und Graubrot 106
Power-Salat 48
Power-Wraps 14

Quinoarisotto mit Erdbeeren und Spargel 96

Radicchiosalat mit Pilzen und Birnen 45
Riesenbohnen-Pfanne mit geräuchertem Tofu 111
Rollen, knusprige 83
Rote Bete mit Kartoffeln und Meerrettichcreme 86
Rote-Bete-Blutorangen-Carpaccio 40
Rote-Bete-Suppe mit Birnensalat 58

Sauerkraut mit Räuchertofu und Kartoffelstampf 108
Sauerkrautsuppe mit Pilzen 61
Schokomousse mit Beeren 130
Senfsüppchen mit Apfel & Kräutern 73
Shakes 34f.
Smoothies 30f.
Sommerrollen, frische 22
Spargel-Melonen-Salat 38
Spinat-Tofu-Wraps 15
Spitzkohl mit Orangen-Yofu-Sauce 98
Süßkartoffelomelett mit Avocado-Zucchini-Salat 104

Tomatensmoothie, pikanter, mit Granatapfel 31
Tortilla-Pizza 89
Wraps 14f.
Zitronenkartoffeln mit Rucola und Pinienkernen 76
Zwiebelsuppe, klare 62

Zutatenregister

Agar-Agar 123, 136
Albaöl 57, 116, 136
Algenmix 51
Ananas 30, 34, 66, 124
Äpfel 73, 111, 116
Avocados 20, 48, 104, 106, 136

Babytomaten 15
Bananen 30
Beeren, gemischte 130
Birnen 30, 45, 58, 118
Blätterteig 77, 83, 118
Blaubeeren 123
Blumenkohl 103
Bohnen, grüne 65
Bohnen, weiße 111
Bohnenmix 14
Brokkoli 53, 112
Bulgur 53

Champignons 70, 97, 106
Cherrytomaten 16, 20, 89
Chiasamen 31, 136
Cocktailtomaten 39
Couscous 84
Cranberrys 35, 103

Datteln 126

Erbsen 90, 92
Erdbeeren 31, 96, 120
Erdnüsse 22

Fenchelknollen 38, 86, 112

Gemüsefond 56ff., 61f., 65f., 70, 73, 84, 96, 98, 100, 111
Glasnudeln 22
Gojibeeren 48
Granatapfelkerne 31
Grünkohl 26, 56

Haferdrink Vanille 117
Hafersahne 73, 80, 83, 86, 90, 97, 130
Haselnussmus/-milch/-kerne/-drink 34, 118, 123
Heidelbeeren 35
Hirse 117

Ingwer 30, 51, 66, 70, 98, 104, 116

Kapern 90
Karotten 16, 26, 35, 39, 43, 53, 61, 65f., 70, 83f., 90, 108, 112
Kartoffeln 26, 57, 65, 76, 78, 80, 86, 92, 108
Kichererbsen(mehl) 25, 56, 92, 100
Kiwi 30
Knollensellerie 57, 73, 83
Kokosblütenzucker 34, 136
Kokosflocken 126
Kokosmilch 30, 34, 66, 112, 124
Kräuterseitlinge 46, 106, 136
Kürbisse (Hokkaido) 84, 97

Lauch 53, 62, 73, 83
Linsen, rote 66

Mais 14
Makkaroni 90
Mandel(n)/-milch 35, 120, 126, 128
Mangold 26
Meerrettich 86
Melonen 38, 124

Nachochips 20

Orangen 30, 40, 51, 84, 98, 112, 117

Papaya 35, 124
Paprikaschoten 14, 39, 53, 78, 112

Pastinaken 26
Peperoni 16, 48, 98
Pilze 45, 61, 106
Popcornmais 26

Quinoa 96

Radicchio 45
Reispapier 22
Reiswaffeln 28
Reis-Wildreis-Mischung 112
Rote Bete 31, 40, 58, 86
Rucola 19, 39, 76, 89

Salatgurke 39, 48, 53, 68, 78
Salatmix 14, 48
Sauce, süßsaure 22
Sauerkirschen 117
Sauerkraut 61, 108
Sobanudeln 70
Sojajoghurt 14, 68, 77f., 98, 137
Sojamehl 116, 128
Sojamilch 35, 116
Sojasahne 35, 96, 100, 108
Spargel 38, 96
Spinat 15, 30, 106
Spitzkohl 98
Sprossen 31, 39
Stangensellerie 112
Süßkartoffeln 104

Tahina (Sesampaste) 25
Tamari-Sojasauce 39, 70, 111
Tofu 15, 22, 39, 51, 53, 57, 65, 70, 77, 80, 83, 100, 108, 111, 137
Tomaten 19, 31, 78, 84
Tomaten, getrocknete 16, 89
Tomatenmark 28
Tortilla-Wraps 14f., 89

Vanille(schote) 26, 31, 40, 116, 118, 120

Weizenmehl 116, 120
Wildreis, gepoppter 43, 98

Zitronen 31, 34, 46, 58, 66, 76, 86, 89, 97, 106, 118
Zucchini 16, 78, 104, 112

ÜBER DEN AUTOR

DANKSAGUNG

Meine gastronomische Karriere begann in dem Moment, in dem ich mich für die vegane Lebensweise entschied. Da meine Ma einfach nicht mehr wusste, was sie mir zubereiten sollte, begann ich, selbst zu kochen. Dies machte mir so viel Spaß, dass sich daraus erst eine Leidenschaft entwickelte. Ich war begeistert, dass ich mit einem einzigen guten Essen viel mehr sagen konnte als mit 1000 Worten.

KULINARISCHE ABENTEUER

Bis zum heutigen Tage habe ich viele kulinarische Etappen und Abenteuer erlebt, die mich zu dem gemacht haben, der ich bin. Vier Jahre lang führte ich ein veganes Catering in Süddeutschland. Ich durfte für mehrere Monate bei und mit Familie Kurz vom Bio-Hotel Kurz aus Berchtesgaden kochen. Eine sehr intensive Etappe erlebte ich in München. Im damals ersten und einzigen veganen Restaurant Deutschlands arbeitete ich als Sous-Chef und wurde vom Rohkostprofi Chad Sarno in die Geheimnisse eingeweiht. Anschließend zog es mich nach Berlin. Dort bekam ich die Chance, als Chefkoch ein veganes Gourmetrestaurant aufzubauen. Nach nur acht Monaten erhielt ich als erster veganer Koch eine Auszeichnung des Magazins »Der Feinschmecker«. In mir wuchs der Wunsch nach einem eigenen Restaurant, das ich dann auch in Berlin mit zwei Partnern eröffnete und erfolgreich betrieb. Daraus entwickelte sich ein zweites veganes Fine-Dining-Restaurant in Berlin. Als ich 2009 Mahi Klosterhalfen von der Albert-Schweitzer-Stiftung für unsere Mitwelt kennenlernte, entwickelten wir ein Konzept, um noch mehr Menschen in die Berührung mit gutem veganem Essen zu bringen. Die ASS schrieb alle Dax-Unternehmen, aber auch Studentenwerke an und vermittelte Schulungen in den Betriebsrestaurants und Mensen. Ich schulte die Köche und Köchinnen in veganer Küche und kochte an den Aktionstagen für deren Gäste. Was sehr langsam begann, entwickelte sich mit der Zeit zu einer sehr erfolgreichen Idee, die immer mehr meiner Zeit und Kraft einnahm. Dies bekräftigte mich in meiner Entscheidung, die Restaurants aufzugeben, um mich ganz den Schulungen zu widmen. Das Interesse an der veganen Küche ist zwar sehr hoch, aber das Wissen über Rohstoffe und deren Umgang, die Mentalität und die Beweggründe, vegan zu leben, sind sehr gering. In meinen zahlreichen Workshops vermittle ich dieses Wissen, um den Köchen Werkzeuge an die Hand zu geben, die vegane Küche lecker und qualitativ hochwertig umzusetzen.

Dies ist mir nur möglich, da ich Menschen in meinem Umfeld habe, die mich unterstützen und fördern. Allen voran möchte ich meiner Familie danken. Auch einen riesen Dank an meine Teams in den Restaurants und da allen voran an Marcus Kümmel, mit dem ich auch die Rezepte für dieses Buch ausgearbeitet habe. Und natürlich auch einen Riesendank an alle Menschen, die an mich glauben und mich unterstützen.